KB193775

양재나비에서 글로벌까지

독서공동체의 힘
몽골 유비나비편

양재나비에서 글로벌까지

독서 공동체의 힘

몽골 유비나비편

강선화
강대우
김상헌
김수용
김창식
여병무
임보환
임철승
전용덕
정혜숙
정홍재
조항영

애플씨드북스

심 봤다!

만나고 싶은 사람을 만나거나 가보고 싶은 장소에 갔을 때, 또는 정말로 간절히 원하는 상대로부터 교제 허락을 받거나 꿈에 그리던 대회에 나가서 최고의 자리에 올랐다고 상상해 보자! 그냥 가만히 앉아 있을 사람이 있겠는가? 보통의 정상적인 사람이라면 아마도 여기저기 소문을 내고 다닐 것이다. 그리고 자신의 모든 소셜 네트워크의 프로필 사진이나 소개 글에도 온통 관련 내용으로 도배할 것이다. 마치 산삼을 발견한 심마니가 '심 봤다'를 외치듯이 말이다.

공부해서 남을 주자!

우리는 4년 동안 함께 책을 읽으며 함께 성장하고 삶이 변하는 경험을 했다. 그리고 우리와 함께했던 몽골 현지인들과 공동체도 변화되는 것을 지켜보았다. 우리 모임의 모토가 '공부해서 남을 주자'이다. 우리가 경험한 성장과 변화를 주변에 흘려보내 그들의 삶도 변화를 경험하도록 돕는 것이다. 더 나아가 우리와 공간적으로 함께할 수 없는 분들께도 도움을 줄 수 있기를 바란다. 그래서 책을 쓰게 되었고, 12명의 저자가 함께하게 되었다.

함께 책을 읽었을 뿐인데….

누구나 살아가다 보면 슬럼프나 권태기 때로는 매너리즘에 빠질 때가 있다. 몽골에 사는 우리의 삶도 마찬가지이다. 시간이 흘러가면서 어떤 형태로든 크고 작은 위기가 찾아온다. 이 책의 저자들은 각자가 처한 사역의 현장은 다르지만, 공통으로 '독서 모임'을 통한 자극과 동기부여 때로는 아이디어로 자신들이 직면한 위기와 문제들을 지혜롭게 헤쳐나갔다.

나의 주변에 좋은 자극과 영향을 줄 수 있는 사람들이 있다는 것은 축복이다. 그리고 이런 축복은 특별한 사람에게만 주어지는 것이 아니라 누구나 누릴 수 있다. 함께 책을 읽을 사람들만 있다면 말이다. 우리는 그렇게 시작했고 4년이 흐른 지금 꾸준히 함께했던 이들은 모두 성장을 경험했으며 앞으로가 더 기대되는 삶으로 변화되었다.

이 책은 먼저는 선교 현장에서 사역하고 있는 선교사에게 권하고 싶다. 각 나라의 상황은 다를 수 있지만, 어느 나라든 책은 구할 수 있다. 책을 잘 읽지 않고 구하기 힘든 몽골에서 되었다면 어느 나라든 가능하다고 생각한다. 또한, 코로나 이후 'E-Book'이 정말 많아졌다. 우리 모임에서도 요즘은 종이책보다 'E-Book'을 통해 책을 읽는 횟수가 많아졌다. 장애를 만났을 때 안되는 쪽보다 성장하는 쪽을 선택하면 기회는 얼마든지 있었다.

나비효과

12명 저자의 다양하면서도 생생한 삶의 모습과 사역현장을 경험할 수 있다. 그리고 먼 타국 땅으로 나가기까지의 진솔한 이야기와 그곳에서의 치열한 삶과 사역도 만날 수 있다. 치열한 삶의 현장 속에서도 성장과 자기 계발을 위해 '독서'란 공통분모를 찾으면서 위기와 어려움의 시간을 슬기롭게 보내고, 이제는 더 큰 꿈과 미래를 위해 멈추지 않고 펄럭이는 역동적인 날갯짓을 볼 수 있을 것이다.

나비모임

이 책은 '몽골'이란 척박한 이국땅에서 어떻게 하면 효과적으로 사역하고 꾸준히 자기 계발을 할 수 있을까 를 고민하던 사람들이 모여 함께 책을 읽고 바인더를 쓰는 '나비모임'을 하게 되면서 각자의 삶과 공동체 안에 일어난 일들과 변화를 기록한 것이다. 언어도 다르고 문화도 다르며 산 설고 물선 곳 몽골에서 경험한 이 특별한 경험들이 한국에 있는 독자들에게는 신선한 도전이 될 것이다. 또한, 타지에 살고 있는 분들에게도 좋은 자극과 동기부여가 될 것이다.

한 사람의 영웅이 아닌, 우리 모두의 스토리

'하나의 멋진 이야기는 한 사람의 영웅이 만들 수 있지만, 발전은 우리 모두의 스토리'이다. 우리 UB 나비모임 중에 영웅은 없다. 영웅이 있었다면 함께하지 않았을 것이다. 함께 하며 서로에게 선한 영향을 주고 발전해 나가는 우리들의 이야기만 있을 뿐이다. 우리가 만들어 가는 이야기가 결국 한 사람의 영웅을 넘어 몽골을 뒤덮는 향기로 퍼질 것이다. 나와 우리로 비롯된 작은 날갯짓이 몽골 전역에 바람을 일으키고 더 멀리 퍼져나가 '나비효과'를 일으키는 아름다운 몸짓이 되기를 소원한다.

2023.5.18

몽골 UB 나비 2대 회장 임철승

몽골 나비 공동체

나무를 심은 사람들

장 지오노의 「나무를 심은 사람」은 전 세계 스테디 셀러다. 남 프랑스 프로방스 지방에 한 남자가 매일 100개의 도토리를 심었다. 35년간. 단 3명이 힘겹게 버티던 죽음의 땅 황무지를 희망의 땅을 넘어 숲이 우거진-1만명이 거주하는- 가나안 땅으로 만들었다.

> "자신을 위해서가 아니라 다른 사람들을 위해, 공동의 선(善)을 위해 아무런 보상도 바라지않고 일한 한 사람의 불굴의 정신과 노력이 이 땅에 어떤 기적을 이루어놓았는지를 보여준다."

강동성서침례교회 최육열 마스터님(목사님)이 떠오른다. 3P자기경영연구소 세미나(셀프리더십 프로과정, 코치과정, 독서기본과정, 독서리더과정, 마스터 과정 등)를 수강하셨다. 당신의 극적인 변화와 성장을 기쁨과 감사로만 머물지 않았다. 30여 년간 후원했던 두 가정을 통해 몽골에 거주하는 한국인들에게 기회를 제공했다. 참 쉽지 않은 어려움과 헌신을 통해.

카페트를 깐 사람들

이 책의 공동저자이자 몽골 국제울란바타르대학교 여병무 교수님, 강선화 교수님, 그리고 김종옥 교수님의 헌신적인 노력 덕분에 세차례 몽골 세미나가 열리게 되었다.

① 1차 방문(2018, 6, 17~26)

셀프리디십 프로과정(8시간), 독서기본과정(8시간), 특강 2회, 흡스굴 여행

② 2차 방문(2019, 6, 19~28)

셀프리더십 프로과정(8시간), 독서기본과정(8시간), 몽골인 프로(8시간, 통역), 중고생 비바앤포포(8시간), 초등 보물찾기(8시간), 특강, 테를지, 흡스굴 여행

③ 3차 방문(2022, 6, 16~24)

몽골인 프로(8시간, 통역), 몽골인 독서기본(8시간, 통역), 특강, 고비 사막 여행

맨 처음 손 든 사람

야스다 유키 교수가 쓴 「원피스식」은 4억 9천만부 이상 팔린 일본 국민

만화 「원피스」를 경영학적 관점에서 풀어 쓴 책이다. 동료를 '혼자서는 이룰 수 없는 꿈을 공유하는 사람'으로 정의했다. 그리고 그 꿈을 이루는 How to(방법) 3가지를 제시한다.

① 직접 깃발을 올릴 것
② 이해하기 쉬운 깃발을 올릴 것
③ 한 번 올린 깃발은 절대로 내리지 말 것

2018년 6월 첫 방문에서 세미나를 마치고 몽골에서 사역하시는 선교사님 20여 분을 대상으로 특강을 했다. 특강 마무리 직전에 불현듯 떠오른 생각에 강력한 도전을 했다.

"저희가 16시간 세미나며 이 특강을 하고 나서 비행기 타고 몽골을 떠나면..., 그냥 '아~ 좋았다'로 끝날 것입니다. 나비 독서모임 하나 만듭시다. 그래야 저희가 떠나도 지속가능하게 됩니다. 자~ 마음에 준비하시고~, '회장' 하실 분 손들어 주세요."

(아무도 손을 안 들면 어쩌나 하는 걱정을 가슴이 먼저 알고 쿵쾅거렸다.)

그런데 그때 "저요!" 하며 번개보다 빨리 손을 든 분이 있었다. 이 책의 공동저자인 정홍재 선교사님이다.

그렇게 2018년 7월 7일 새벽 06시 40분에 첫 독서모임(UB나비)가 탄생했다. 더 놀라운 것은 영하 30도 추위를 뚫고, 심지어 코로나 기간에도 한 주도 빠짐없이 6년째(2023년 기준) 이어지고 있다는 사실이다.

버터플라이 이펙트(나비 효과)

몽골 유비나비 1개로 시작한 독서모임이 어느덧 몽골에 200여개로 확장되었다. 기적이다.

도토리 한 개-씨앗1개-가 숲을 이루어 간다. 남한의 16배 땅에 고작 340만 인구 중 울란바타르에 절반인 150만이 모여 살고 있다. 이 넓은 땅 작은 인구 몽골에 장차 5,000개 나비 독서모임을 꿈 꾸는 자들이 있다.

12명의 꿈쟁이-이 책의 공동 저자들이다.

몽골 내 한인사회를 넘어 몽골 현지인들까지 독서 모임이 확장되고 있다. 게르도서관, 작은 도서관 운동을 통해 몽골 땅을 뒤흔드는 작은 날갯짓은 분명 나비효과의 진행형이다.

전 세계 750만 한민족 디아스포라의 모델
- 몽골 나비 공동체

밀라노, 로마, 네델란드, 스페인, 영국, 미국(시카고, LA), 필리핀, 몽골, 중국(북경, 상해, 단동, 심양, 위해, 청도, 이우, 항주, 대련…) 등 해외 세미나를 26번 정도 다녀왔다. 주로 해외 교포 CEO, 교민, 유학생, 선교사들 대상으로 세미나를 진행했다. 어느 곳이건 교포사회를 보면 '정체감(번아웃)'과 '분열'이 떠오른다. 안타깝다. 그러던 중 몽골 한인사회의 변화를 지켜보며 매우 놀라웠다. 한인 사회의 '하나됨'과 독서를 통한 성장 욕구, 살아있는 '날 것'이 느껴진다. 독서포럼나비도 작은 기여를 했다.

20~30여년을 일관된 아웃풋으로 쏟아내 지치고, 바닥까지 고갈된 삶이

었다. 이제는 인풋의 양 날개를 얻었다. B&B는 Binder와 Book의 약자이다. 바인더Binder는 성과, 자기경영(자기관리)의 상징이자 솔루션이다. 북Book은 동기부여이자 평생학습의 솔루션이다. 몽골 나비 공동체가 전 세계 한인 교포 사회의 좋은 모델을 넘어 체험하고 학습하고 훈련하는 충전의 성지, 회복의 공동체가 되기를 꿈 꾼다. 별, 말, 양, 땅, 강, 꽃과 함께.

2009년 한국에서 시작한 양재나비는 어느덧 1,000여개의 세계 최대 독서모임으로 성장했다. 장차 대한민국에 10만개, 아시아와 전 세계 100만개 나비 모임을 꿈 꾼다.

한국의 K-독서(나비), K-바인더로 몽골과 함께 전 세계 한민족 디아스포라 공동체의 부흥과 선한 영향력을 기대한다.

3P 자기경영연구소 대표, 독서포럼 나비 회장, 독서혁명가 강규형

어마 어마한 사람들이 온다

"믿음은 바라는 것들의 실체다."(히11:1)

바라는 것들이 눈에 보이게 하는 것, 실체로 나타나게 하는 것, 그것이 바로 믿음의 결과다.

몽골 곳곳에 작은 도서관, 게르 도서관이 세워지고, 독서 모임 200개가 생겼고 무엇보다 몽골에서 일생을 헌신하는 선교사님들이 지치지 않고 오히려 더 생기 있게 일하는 모습의 결과는 바라는 것들의 실체로 나온 결과다.

몽골 울란바토르시에는 호지르볼랑이라는 동쪽 끝 변두리 마을이 있다. 서울시 지도로 생각한다면 아마도 강동구쯤. 게르 도서관/작은 도서관 프로젝트를 시작한 첫 작은 게르 도서관. 마을의 아이들이 와서 책을 읽는다고 하여 2018년 성도들과 함께 방문했다. 그곳에서 깜짝 놀란 것은 책을 읽기 위하여 게르 도서관에 온 아이들이 차려입은 그 옷들이 얼마나 예쁜지 마치 축제에 가는 의상이었다. 엄마의 자식을 향한 사랑과 교육에 대한 열정을 읽을 수 있었다. 감동이었다. 그때 나는 바라는 것들이 생겼다. 이 작은 도서관, 게르 도서관마다 영성과 지성을 겸비한, 성경을 알고 독서력을 갖추고 자기 관리를 위한 바인더를 쓸 줄 아는 사서들이 있어야 한다는 것. 즉시 그 꿈을 바인더에 기록하고 꿈을 말하기 시작했다. 이재덕 마스터를 빼놓을 수 없는 것이 이분은 정말 '즉시력'이 탁월한 사람이다. 내가 그 꿈을 말하자 즉시 바인더에 6월 월간일정표에 기록하는 것이 아닌가. 내 꿈을 말할 때 그것을 자신의 바인더에 쓰고 함께 하겠다고 한 모습이 내게는 용기가 되었다. 그래서 '몽골'이라는 바인더를 만들어 강규형 대표께 몽골의 역사와 현대역사, 선교역사에 대한 내용을 담아 드리면서 지금 필요한 것을 이야기했다. 3P 나비가 국경을 넘어 몽골로 진출하여 몽골에 게르 도서관, 작은 도서관의 사서들을 세우는 일을 해야 하는데 우선 선교사님들부터 3P 프로과정, 독서기본과정을 해 달라고 부탁했다. 교육회사의 대표와 수석 강사들이 근 10일간을 자리를 비우면 수익의 어려움이 있음에도 불구하고 통 큰 결정으로 2018년 6월 몽골에 3P세미나를 열게 된 것이다.

강동성서침례교회는 지금까지 30년을 몽골선교를 위하여 뒷바라지를 해왔다. 어느 교회인들 풍족해서 선교를 하겠냐마는 우리 성도들이야말로 극심한 어려움 속에서도 선교만큼은 지속적으로 해왔다. 2018년 몽골에 3P 세미나를 하기 위하여 몽골선교펀드헌금을 하기로 했다.

"성도 여러분, 펀드란 불특정 다수가 어떤 곳에 투자를 하여 거기에 나오는 수익을 돌려받는 것입니다. 저는 여러분에게 그 수익을 돌려 줄 수 없습니다. 그 일은 하나님께서 여러분에게 하실 것입니다. 또한 여러분이 몽골펀드에 투자(헌금)를 하면 몽골을 변화시키는 엄청난 변화가 일어날 것입니다."

우리 성도들은 참 순수하다. 선교를 위하여 교회당을 짓고, 땅을 사는 일도 아니고 무슨 자기경영세미나를 하는 일에 펀드헌금을 하라니. 따져보지도 않고 낸 과부의 두 렙돈같은 성도들의 헌금이 모이기 시작했다. 게임 회사에서 일하는 한 형제의 과감한 헌신으로 목표 이상의 금액이 모였다. 그 씨드 머니를 가지고 '바인더의 힘' 책을 몽골어판으로 번역 출간하였고, 그 세미나를 위하여 들어가는 비용을 충당할 수 있었다. 이런 일에 담임목사를 신뢰하고 따라주는 성도들이 참 고맙고 감사하다.

목사들이 독서법, 시간관리, 바인더 쓰는 것을 이야기하면 호기심에 바짝 달라붙어 배우는 사람이 있는가 하면 뻔한 것으로 치부하고 거부하는 사람이 있는 것 같다. 나는 전자였다. 독서에 대한 갈급함이 있었고 자기관리에 대한 목마름이 있었다. 어느 날 강규형 대표가 쓴 '바인더의 힘'과 '독서천재가 된 홍팀장'을 만났고 3P와 연결되어 3P프로과정, 독서기본과정, 독서리더과정, 코치과정 13기, 15기, 16기를 했으며 마스터 과정을 마쳤다. 한국에 있는 모든 목사님들과 사역자들, 리더들이 꼭 이 과정을 지나보기를 바라는 마음이 지금도 넘친다. 지금 알았던 것을 그때 알았더라면… 이런 마음을 알려는가?

유비나비 멤버들이 써 놓은 글들을 보면서 정말 어마어마한 사람들임을 자랑하고 싶다.
정현종 시인의 시처럼,

"사람이 온다는 것은 실은 어마어마한 일이다. 그는 그의 과거와 현재와 그리고 그의 미래와 함께 오기 때문이다. 한 사람의 일생이 오기 때문이다. 부서지기 쉬운, 그래서 부서지기도 했을 마음이 오는 것이다. 그 갈

피를 아마 바람은, 더듬어 볼 수 있을 마음, 내 마음이 그런 마음을 흉내 낸다면 필경 환대가 될 것이다."

한 사람의 일생이 온다는 것, 그 한 분 한 분의 녹아져 있는 글들을 보니 부서지기 쉬운, 부서지기도 하면서 여기까지 왔을 터이다. 그런데도 함께 책을 읽어가며 서로서로 보듬고 안아주고 격려하며 위기를 극복하고 그분이 맡기신 고귀한 사명을 이루어가는 모습에 박수를 보낸다.

나는 지금도 꿈을 꾼다. 몽골에 한국의 3P같은 교육회사가 세워지고 정약용 도서관 같은 도서관이 세워져서 몽골의 젊은이들에게 독서를 통한 꿈을 심어주고 그분을 알게 하는 꿈이다. 이 일에 동기부여를 하고 선한 영향력을 끼치며 함께 하는 강규형 대표는 지금도 매년 100명 이상씩 구원 상담하여 구령하는 분인데, 나의 멘토이기도 한 이분과 주님 오실 그 날까지 함께하고 싶다.

지금은 내가 하는 일이 잘 보이지 않아도 모소대나무처럼 때가 되면 이루어질 엄청난 대나무 숲의 꿈을 그리면서, 또 이루어 가면서 그렇게 펼쳐져 가는 어마어마한 사람들의 어마어마한 이야기에 박수를 보낸다. 함께 할 수 있어서 하나님께 그리고 유비 멤버들에게 감사가 넘친다.

강동성서침례교회 담임목사 최유열

당신의 인생에서
책을 읽는 공동체가 필요한 이유

인생의 전부를 걸만한 꿈과 목표가 있으신가요? 이 책을 집필한 저자들은 인생의 모든 것을 걸고 몽골에서 선교사역을 하고 계십니다.

다른 나라에서 선교하며 온 가족과 생활하는 것, 분명 쉽지 않은 선택이었을 것입니다. 큰 결단과 함께 몽골이라는 낯선 땅에 도착했을 때는 온갖 어려움이 기다리고 있었을 것입니다. 생활에 어려움부터 사람들과 관계의 어려움, 사기당하는 것은 기본이었을 것이고, 믿었던 사람에게 배신당하는 것은 어쩔 수 없는 운명이었을 것입니다.

이런 어려움은 몽골에서만일까요? 아마 이 글을 읽는 사람들도 많은 어려움을 만났을 것입니다. 인생은 수많은 위기가 계속해서 찾아옵니다. 저의 멘토는 인생의 위기는 파도처럼 찾아온다고 말씀하십니다.

이 책을 집필한 몽골을 품은 선교사님들은 여러 가지 어려움을 책을 읽는 공동체를 통해 이겨내셨습니다. 독서를 통해 위로를 받고, 함께 책을 읽고 나누는 것을 통해 용기를 얻었습니다.

이것이 이 책을 읽어야 하는 이유이자, 독서 공동체를 만나야 하는 이유입니다.

12명 저자의 다양한 삶의 모습과 사역 현장, 선교사로 헌신하면서 선교지에서의 치열한 삶과 사역의 이야기는 일상을 살아가는 사람들에게 분명 귀감이 될 것입니다.

그 치열한 현장 속에서 꾸준하게 자기 계발을 할 수 있었던 비결이 무엇일까요? 바로 꿈과 희망이 있었기 때문입니다. 꿈과 희망이 책을 읽게 하고, 글을 쓰고, 섬김의 사역을 할 수 있는 원동력이 되었습니다.

언어도 다르고, 문화도 다른 몽골에서 그들의 모임의 이름처럼 '나비'가 되기 위한 고군분투, 애벌레가 누에가 되어야만 날개를 펼칠 수 있듯이 이들의 경험은 분명 자유로운 나비가 되기 위한 아름다운 여정이라 생각합니다.

이들이 경험한 특별한 경험은 독자들에게 분명 신선한 도전이고, 자극과 동기부여가 될 것이라 확신합니다.

나비의 날갯짓처럼 작은 변화가 폭풍우와 같은 커다란 변화를 유발하는 '나비효과Butterfly effect'를 들어보셨을 것입니다. 우리는 알고 있습니다. 브라질에 있는 나비의 날갯짓이 미국 텍사스에 토네이도를 발생시킬 수 있다는 것을요.

이 책을 통해 몽골 선교사님들의 날갯짓이 대한민국의 독서 열풍을 불러 일으킬 것이라 기대합니다.

글쓰기 멘토, 작가 기성준

chapter 1

우물에서
튕겨 나온 개구리

강선화　몽골에 산 지 31년 차로 국제울란바타르대학교 교수, 울란바토르 1 세종학당장, 나눔교회 사역자로 살고 있다. 공저로 〈한몽사전〉, 〈몽한사전〉, 〈한몽전문용어통번역사전〉, 〈초원 에세이〉, 〈야생말들이 툭툭 얼음장을 두드린다〉(시집), 〈삶을 읽다. 마음을 나누다〉, 〈그 한마디가 나를 살렸다〉 등이 있다. 몽골의 청년들에게 말씀과 독서를 통해 꿈을 심기 위한 그림책 동아리를 운영하고 있다. 독서 모임을 통해 도전하고 성장한 이야기를 나누고 싶다.

미지의 땅,
몽골

비 맞은 생쥐처럼

황량한 벌판, 작은 비행기는 쉴 새 없이 짐을 토해내고 있다. 짐 실은 트럭은 콘크리트 벌판을 지나 우리를 향해 다가오고 있다. 붉은 별이 달린 모자를 쓰고 군복 차림에 군인인지 경찰인지 모를 사람들은 윗옷을 그대로 내려뜨리고 한쪽 바지에 손을 찔러넣고 서 있었다. 유리문 밖은 비가 내리고 있었다.

털털거리는 차는 공항에서 빠져나온 지 얼마 되지 않아 멈춰버렸다. 기사는 트렁크에서 허연 통을 꺼내 주유구에 호스를 끼우고는 기름을 넣었다. 중국에서 몽골발 비행기를 탔을 때와 같은 심정이었다. 목적지까지 무사히 도착할 수 있을까?

기름 넣은 차는 다시 털털거리며 달렸다. 상상 속의 몽골은 넓은 초원에 게르가 있고 사람들은 말을 타고 다니는 모습이었다. 웬걸. 게르도 말도 안 보였다. 5층, 9층 아파트가 즐비했다. 주황색, 연두색, 하늘색 형형색색의 아파트가 비에 젖어 서 있었다.

컴컴하고 좁은 통로를 지나 도착한 아파트, 두꺼운 삼겹살을 꼬아놓은 듯한 작은 빵과 브라질산 커피로 저녁을 대신했다. 커피는 구하기도 쉽지 않고 비싸다고 했다. 2박 3일 일본과 중국을 거쳐 몽골에 왔다. 일본어, 중국어, 영어 알고 있는 모든 언어를 총동원해 3일을 보냈더니 졸음이 쏟아졌다. 몸을 옆으로 돌리면 떨어질 듯한 침대에 누웠다. 얼마나 잤을까? 밤 10시! 커튼을 젖혔다. 시계를 잘못 봤나? 분명 10시. 아침인가? 아니다. 밤 10시. 서머 타임으로 한 시간이 늦춰진 데다가 몽골은 한국보다 북쪽에 있어 여름엔 해가 늦게 지는 탓으로 아직도 밖은 환했다.

하루에도 몇 번씩 비가 내렸다. 장대 같은 소낙비, 부슬부슬 이슬비, 우산 쓴 사람은 거의 없고 영화에나 나올 법한 군용 우비를 쓴 사람들이 몇몇 있었다. 하천 주변에 있는 게르 동네는 홍수가 났다. 한국에 놓고 온 우산 생각이 절실했다. 1년 강수량이 200ml도 되지 않는다고 했는데, 가는 날이 장날이라고 매일 비가 내렸다. 한 달이나 지나서 울란바타르에 하나밖에 없는 백화점에서 우산을 샀다. 나중에 알았다. 1993년, 그해는 물닭 해라서 비가 많이 왔다는 것을.

울란바타르 한국어학교

9월 1일 새학기가 되었다. 몽골에 온 지도 3개월이 다 되어간다. 여름 내내 열심히 공부해서 몽골어책 한 권을 떼고, 정식으로 과학 아카데미의 학생이 되었다.

그즈음 한국인들이 여러 곳에서 가르치던 한국어 강좌를 통합하여 한국어 학원을 세웠다. 마땅히 공부할 곳도 없으니 남편은 매일 그곳에 출근 도장을 찍었다.

우리를 초청했던 김기선 선배가 한 달 동안 한국에 나가는 바람에 남편은 선배를 대신해 몽골 국립대학교에서 한국어를 가르쳤다. 교재도 없이 외국어를 배우는 학생들을 보면서 교육 현장이 얼마나 열악한지를 알게 되었다. 그렇게 우리는 학교, 한국어, 사전과 자연스럽게 인연을 맺었다.

그렇게
추락인가?

"선생님, 당황하지 말고 들어주세요. 안 좋은 소식입니다. 여 선생님이 신문에 났어요."

안 좋은 소식이란 말에 벌써 가슴이 쿵쾅거린다. 신문이라니. 잠시 후 신문에 난 기사가 도착했다. '사전', '교육부' 그런 단어들이 눈에 들어왔다. 자세히 읽을 수는 없었지만 얼마 전에 출판기념회를 한 〈몽골어학습사전〉에 대한 기사였다. 사비를 들여 몽골 학생들을 위해 몽골 최고의 학자인 산자 교수님과 그 제자들이 기획하고 출판한 사전이었다. 시 교육부에서 좋은 사전을 내주어 감사하다며 중고등학교 모든 도서관에 비치하겠다고 했었다. 그런데 기사에서는 감수자인 남편의 이름을 들먹이며 외국인이 어떻게 몽골어 사전을 냈느니, 성경과 비슷하다느니, 교육부에서 거액의 돈을 먹었다느니, 통일교라느니 얼토당토않은 글이 쓰여 있었다. 댓글도 가관이었다. 몽골어를 잘하지 못하는 게 오히려 감사했다. 불행인지 다행인지 남편은 한국 출타 중이었다.

신문 기사를 인쇄해 들고나오는데 여기저기서 웅성거린다. 어떤 이는 남편의 안부를, 내 안부를 묻는다. 도대체 누가 이런 글을, 어떤 의도로 썼는지 며칠 밤을 뜬눈으로 지새웠다.

사전 작업에 참여한 몽골 교수들은 반박문을 냈다. 이미 퍼질 대로 퍼진 글은 사실 여부와 상관이 없었다. 그렇게 남편은 만인의 적이 되었다. 며칠 후 남편이 돌아왔고 그날로 모든 보직을 내려놓았다. 이제 막 입소문을 타고 팔리려던 모든 사전은 수거되어 학교 창고에 몇 년 동안 쌓여 있었다.

동굴 같은 이곳이 좋아요

그 일이 있기 전 나는 한국학연구소 소장으로 발령받았다. 몽골에서 한국 책이 가장 많은 연구소에서 책과 학생들 관리를 하며 강의도 하고 연구도 한다. 박사 학위 논문을 쓰고 있던 터라 1층 구석, 일부러 찾지 않으면 찾을 수 없는 곳에 박혀서 3년을 일했다. 학생들이 없는 저녁 시간이나 주말에는 찬양을 크게 틀어 놓고 기도해도, 냄새나는 김치와 라면을 먹어도 누구 하나 뭐라 할 사람이 없었다. 아침부터 자정까지 나만의 동굴이었다.

사람들은 저마다 고민거리를 가지고 찾아와 내게 쏟아붓곤 했다. 아무도 오지 않는 곳이니 내게 말하면 어디에도 새어나가지 않을 거라고 여겼나 보다. 어떤 학생은 수업 시간에 자신이 옳았는데 선생님이 도리어 야단쳤다며 하소연했다. 어떤 선생님은 일 얘기하다가 한참을 울다가 갔다. 학교 근황을 알려주기도 하고, 맛난 것을 가져다주기도 했다. 엘리아에게 먹을 것을 날라다 주는 까마귀들처럼 양식도 소식도 함께 날아왔다.

연구소 문은 늘 열려 있었다. 누구나 아무 때나 와도 된다. 정작 나는 그런 사람들을 맞이할 준비가 되어 있지 않았다. 문이 열릴 때마다 울리는 모빌의 딸랑 소리는 내 심장의 쿵 소리와 박자를 맞춘다. 심장 소리는 머리까지 울리는 것 같았다. '오늘은 또 무슨 말을 하려나.' 다가오는 몇 발짝도 안 되는 거리에 마음의 준비를 하곤 했다. 밤이면 몇 시간을 뒤척이다 겨우 잠이 들면 악몽으로 깨기 일쑤였다.

'어디 사람 없는 곳 없을까?'

사람이 무서웠다. 발 없는 말은 돌고 돌아 비수가 되어 내게로 돌아왔다. 귀를 닫았다. 입을 닫았다. 마음도 닫았다. 점점 더 혼자가 편했고, 해야 하는 말 외에는 아무 말도 하지 않았다. 사람이 없는 시간, 장소만 찾아다녔다. 나중에 알고 보니 공황장애였나보다. 그것도 모르고 내 자리 지키는 걸 사명으로 알고 버텼다.

학과장이 승진인가요?

'아무리 힘들어도 포기만 하지 않으면 언젠가 끝은 온다.'라는 심정으로 버텼다. 은둔 생활 3년, 드디어 끝이 보였다. 복잡한 몽골의 학위 시스템을 통과했다. 심사위원만 18명! 본심이 통과도 되기 전에 학과장이 되었다. 한국어 관련 학과가 세 개로 분리되었고, 나는 한국어통번역학과 200여 명의 학생을 네 명의 교수와 함께 관리하게 되었다. 그나마 일할 수 있는 선생은 한 명뿐이었다. 시시때때로 내려오는 업무지시와 회의, 빡빡한 강의와 행사, 학교는 그야말로 전쟁터였다. 학생들은 한국어로 시험을 보는데, 나는 매일 몽골어로 읽기, 쓰기, 말하기, 듣기 시험을 보는 것 같았다. 깨알 같은 글씨로 몇 장이나 되는 서류들은 보기도 전에 질렸다. 야간반에, 토요일 업무까지 열심히 해도 일은 쌓여만 갔다. 날마다 학생들과 교수, 학부모를 만나고 서명 하나 받기 위해 부처들을 부지런히 오가야 했다. 조교도 없어 전화 받는 일까지 해야 하니 이름만 학과장이지 하는 일은 온갖 잡일을 하는 보직이었다.

몽골 학제가 10년에서 12년으로 바뀌면서 한 학년 전체가 월반하기도 하고, 따라가지 못하는 아이들만 한 학년을 올리기도 했다. 이런 과도기에 있었던 학생들이 대학에 입학하는 해였다. 몽골 전체적으로 고교 졸업생이 감소하니 대학 신입생 수도 감소할 수밖에 없었다. 모든 학교는 신입생 모집에 총력을 기울였다. 5~6년 동안 대학은 어떻게 해서든 살아남아야만 했다. 우리 학교 한국어과는 학생들이 찾아오는 학과라 다른 학교나 학과보다는 괜찮았지만, 학년이 바뀔 때마다 썰물처럼 빠져나가는 학생들과 한국으로 유학가는 학생들로 학생 관리도 쉽지 않았다.

일주일에 90분 강의 10회 이상, 행정 일도 만만치 않았다. 학위를 받았다는 안도감보다 새로운 일에 대한 책임감으로 늘 마음이 무거웠다.

내가 원하는 건 단 한 가지, '쉬고 싶어요!'

그러던 중 아시아 아프리카 기독대학 모임인 PAUA가 미국 풀러신학교에서 열렸다. 분과 모임 시간에 상담 강의를 들었다. 그동안 상담 강의도 많이 듣고 스터디도 했는데 그 짧은 시간 동안 무슨 큰 유익을 얻을 수 있을까 싶어 끄트머리에 앉았다. 강의가 끝났다. 아는 사람도 없고 피곤하기도 해서 혼자 쉬고 있었다. 가까이 있던 여자분이 말을 걸었다. '선교사님, 지금 가장 원하는 게 뭐예요?' 순간 당황했다. 내가 지금 가장 원하는 게 뭔지 생각해 본 적이 없었다. 힘들다, 도망가고 싶다고만 생각했지 뭘 원하는지 생각이 안 나 잠시 머뭇거리다 불쑥 이렇게 말했다.

"쉬고 싶어요!"

순간 눈물이 쏟아졌다. 처음 보는 사람 앞에서 이게 무슨 일이람. 어떤 위로나 보상보다 그저 쉬고 싶었다. 앞만 보고 달려온 내 삶은 잠시 쉬어갈 틈도 주지 않았다. 잔꾀를 부리지도 못하고 일도 설렁설렁 대충하지 못하는 융통성 없는 성격 탓에 일중독에다 책임감까지 강한 사람이었다. 학과장을 맡은 2년 동안 심신은 물론 영혼까지 피폐해지고 있었다.

하프타임으로
전략 수정

선교사님, 꼭 들으세요

2017년 여름, 몽골로 돌아오기 며칠 전 담임 목사님께 연락이 왔다. 토요일 오전에 중요한 세미나를 예약했으니 꼭 들으라고 신신당부했다. 한국 나가고 들어올 때마다 바쁘다. 한국에 나갈 때는 몽골에서 정리해야 할 것도 많고, 몽골에 들어올 때는 사야 할 것도, 인사할 곳도 많아 늘 부지런히 뛰어다녀야 한다. 황금 같은 토요일 오전 7시부터 온종일 세미나라니! 등록비라도 쌌으면 좋으련만. 1인당 30만 원. 한 달 생활비의 3/4이다. 이른 아침부터 헤매다 도착한 곳은 '3P 자기경영연구소'였다. 웬 사람들이 이리 많은지 맨 끝에 앉았다. 말도 빠르고 좋은 얘기인 것 같은데 하루 종일 헉헉거리다 끝났다. 바인더하고 물품까지 구매하고 나니 100만 원이었다. '이런! 두 달 치 생활비보다 더 나왔네.'

그날 세미나 중 기억나는 것은 '시간의 가계부'이다. 어렸을 때부터 가계부를 써서인지 시간도 가계부가 있다니 써보고 싶었다. 매일 가계부 적듯 시간을 계획하고 한 일을 써보았다. 색색으로 자를 대고 표시하는 건 귀찮

기도 하고 어떤 색으로 표시해야 할지 몰라 고민할 때도 있었지만 지루하지 않아서 좋았다. 1년 동안 월별, 일일 시간표만 열심히 썼다.

2018년 3월, 몽골에서 세미나를 했으면 좋겠다는 연락이 왔다. 누가 이렇게 비싼 강의를 들을까? 6월이면 종강하고 한창 바쁜데 그 행사를 어찌 준비하란 말인가? 현지 상황을 잘 아실 만도 한데 자꾸 일을 벌이려는 목사님이 야속했다.

세미나 날짜가 잡혔다. 우리가 아는 모든 방법을 동원해 광고하고 장소를 섭외하고 만나는 사람들을 설득했다. 학사일정이 다 끝나지 않아 학과 일과 이 일을 같이하려니 입술이 부르텄다.

드디어 세미나 날 아침 걱정 반 기대 반으로 사람들을 기다렸다. 우려와는 다르게 많은 사람이 몰려왔다. 70명이나 되었다. '3P 자기경영 프로과정'과 '독서기본과정'이 진행되었다. 수준 높은 강의와 실습으로 이틀 동안 진행된 세미나는 몽골유비나비모임의 모체가 되었다.

도망가듯 떠난 안식월

세미나가 끝난 후 3P 팀과 홉스글로 여행을 갔다. 큰 기대하지 않고 간 여행이다. 3P 팀도 자의 반 타의 반으로 시작된 세미나라 다시 올 일 없으니 온 김에 여행까지 하게 되었다고 한다. 에어컨도 나오지 않는 차, 끝도 없는 비포장도로, 오락가락하는 비까지 좋다고 할 수 있는 게 하나도 없었다. 멋있고 좋은 곳이 얼마나 많은데….

홉스글 끝자락 'ART 88' 숙소에 도착했다. 형형색색 들꽃이 흐드러지게 피었고 앞쪽엔 잔잔한 홉스글 호수가 펼쳐져 있었다. 추적추적 내리는 비를 바라보며 나눴던 몽골 역사 이야기, 쏟아질 듯 손에 잡힐 듯 반짝이는 수많은 별빛, 사람 키만큼 거대한 캠프파이어 불 앞에서 이불 뒤집어쓰고 부르던 노래, 모두 덤으로 받은 힐링의 시간이었다.

그날 밤 우리는 어렵게 입을 뗐다. "이제 아이들도 한국에 다 갔고요. 저희 부부 건강도 많이 안 좋습니다. 15년 동안 안식년을 못 갔는데 잠시 안식월을 가고 싶습니다." 쉬고 싶다는 말을 주저하며 기어들어 가는 목소리로 말했다. 아주 잠깐이었지만 숨이 멎는 것 같았다. 안 된다고 하면 또 1년을 어떻게 버텨야 할지 막막했다. 몇 초, 목사님은 잠시 고민하는 것 같더니,

"그렇게 하지요. 나온 김에 교육도 받고."

교육이라니! 무슨 교육을 또 받으라는 걸까?

"3P에 코칭 과정도 있고 독서 리더 과정도 있어요. 좋더라고."

쉬겠다는 말을 다시 주워 담고 싶었다. 평생 배웠는데 뭘 또 배우라는 건지.

그렇게 우리는 여름 사역을 마치고 독서 리더 과정 시작 전날 출국했다. 게스트하우스에 도착하자마자 다음 날 아침까지 쓰러져 잠이 들었다.

당신의 꿈에 날개를

독서 리더 과정은 두 달이나 되었다. 처음 독서기본과정 세미나를 듣기 전, 매일 하는 게 책 읽고 가르치는 건데 책 읽는 걸 또 배워야 하는지 의문이 들었다. 그런데 리더 과정도 있다니 '이젠 별걸 다 배워야 하는구나!' 하는 생각이 들었다.

이틀 동안 어느 연수원에서 진행된 과정은 사람도 책도 장소도 신세계였

다. 손가락 하나 까닥할 힘도 없을 것 같았는데, 이름을 부르며 '힘'을 외칠 때마다 힘이 생겼다. 그렇게 두 달 동안 함께 할 조원들과 여덟 권의 책을 읽고 스터디를 시작했다.

독서모임도 만들었다. 가족독서모임과 선후배 독서모임(하프나비)이다. 지난여름 몽골 세미나에 참석했던 아들, 엄마와 여동생, 나 이렇게 넷이서 가족독서모임을 두세 번 진행했다. 첫 번째 책은 〈꽃들에게 희망을〉이었다. 동화책이다. 어른이 읽어도 공감과 큰 울림을 주는 책이다. 쉽게 읽히고 많은 생각을 하게 한다.

하프나비는 대학 때 친하게 지내던 선배와 동기 모임이다. 졸업 후 거의 25년 만에 만났다. 모두 목사 사모로, 결혼하고 미국 유학 갔다 온 선배, C국 선교사로 일하다 본국 사역하는 선배, 선교대학에서 일하는 동기, 만나려야 만날 수 없었던 사람들이다. 25년이면 강산이 두 번이나 바뀌고도 남은 시간이지만 우리는 단번에 서로를 알아봤다. 몇 날 며칠 얘기해도 그칠 줄 모르는 폭풍 수다를 떨었다. 그러다가 숙제로 독서모임을 해야 하는데 혹시 가능하냐고 말을 꺼냈다. 뭔지 모르지만, 해보자고 해서 2주일에 한 번씩 만나기로 했다. 이 멤버들은 사회적 문제에 관심이 많았다. 내가 감동한 책들은 뻔한 내용이라면서 쳐다보지도 않았다. 오히려 유발 하라리의 〈사피엔스〉 같은 벽돌 책에 더 관심을 가졌다. 나는 이 벽돌 책을 미얀마, 태국, 베트남 3개국을 돌며 읽었다. 내 독서 수준은 그들의 수준을 따라갈 수가 없었다. 그래도 리더이니 열심히 읽고 탐구했다. 정독해도 이해가 안 되는 내용을 발표까지 하려니 참 난감했다. 어떤 말을 꺼내면 토론이 시작되었다. 이게 한국 50대 여성들의 수준인가 하며 깜짝 놀랐다. 우리나라 사람들은 한 달에 책 한 권도 안 읽는다는데 이 사람들은 별나라 사람 같았다. 덕분에 내 수준도 높아진 듯했다.

그해 12월, 3P 자기경영연구소 연말 행사가 있었다. 7월에 시작된 몽골 유비나비 사례를 발표했다. 무엇을 어떻게 준비할지 몰라 고민만 하다가 하루 전날이 되었다. 발표 때문에 잠이 오지 않았다. 갑자기 몽골유비나비에 특별한 의미를 부여하고 싶었다. 유비UB는 몽골의 수도 울란바타르의 영어 이니셜이다. 이것을 '유-YOU, 비-飛날 비; 몽골의 젊은이들이여, 당신의 꿈을 날아오르게 하는 독서모임'으로 의미를 부여해보았다. 책을 읽고 나누다 보면 꿈을 발견하고 그 꿈을 이루도록 함께 힘쓰게 될 테니까.

긍정의 아이콘

코칭 과정을 듣다가 몽골로 돌아왔다. 5개월의 쉼은 다시 시작할 수 있는 에너지를 줄 만큼 충분했다. 한국에서 만난 사람들은 평생 만날 수 없었던 부류의 사람들이었다. 자기 계발이니 경영이니 이런 책들은 평생 관심도 없던 분야인데, 자기 계발 강의를 듣고 책을 읽고 경영자들을 만나니, 보는 관점이 달라졌다.

우물 안에서 지지고 볶고 도토리 키 재기하며 살다가 실수로 우물 밖으로 튕겨 나온 개구리처럼 모든 게 새롭고 신기했다. 번 아웃으로 한국에 나갈 때와는 달리, 이제는 하루하루가 새롭고 신이 났다. 누군가 옆에서 '힘들다'고 한숨을 푹푹 내쉬어도 '할 수 있다. 파이팅'을 외치며 다독이고 있었다. 늘 긍정적이라며 '긍정의 아이콘'이라고 부르는 사람도 생겨났다.

초보가 왕초보를 가르친다고 했던가? 이제 막 배운 내용을 막 퍼주고 싶었다. 꿈이 없는 학생들을 보면 그들의 성공을 돕고 싶어 '책을 읽어라.', '글을 써라.', '유튜브를 찍어라.'라며 꼰대처럼 잔소리를 늘어놓곤 했다. 사람은 백 마디 말로는 바꿀 수 없다. 보여주는 수밖에. 늘 바인더랑 책 한 권을 꼭 챙겨 다녔다. 잠깐 쉬는 시간에도 책을 읽었다. 회의 시간에도 바인더를 펴놓고 열심히 썼다. 한두 사람씩 물어보는 사람이 생겼다. 이때다 싶어 열정적으로 가르쳐줬다.

독서모임을 하자고 광고했더니 참석하겠다는 학생들이 있었다. 모임을 준비했다. 그러다가 코로나가 터졌다.

나비모임을 통한
성장과 변화

끝이 보이지 않는 인풋 - 애벌레

호기심 많고 뭐든지 먹어 치우는 애벌레처럼 뭐든지 머릿속에 집어넣어 몸집을 불렸다. 코로나 이전에도 이후에도 배움에 대한 열정은 둘째 가라면 서러울 정도였다. 몽골에 오자마자 언어 연수와 부박사 코스로 몽골 민담을 배웠고, 교수 자격을 갖추기 위해 언어학 석박사 학위를 취득했다. 사역을 위해 가정학과 상담을 공부했고, 전문성을 위해 선교학 석사도 했다. 이 외에도 정규, 비정규 과정, 스터디그룹으로 끊임없이 배웠다.

코로나 시기에는 봇물 터지듯 온갖 종류의 온라인 강의가 있었다. 수업과 수업 준비, 24시간 항시 대기 학과장 업무를 하면서도 1년 동안 200여 개의 유·무료 강의를 들었다. 세계 곳곳의 강의를 안방에서 듣게 되니 신기하기도 하고, 처음 들어보는 강의, 유명한 강사의 강의 등 다채로웠다. 그렇게 열심히 듣고 메모하고 연습했건만 달라지는 건 거의 없었다. 나는 지식도 소유하는 것으로, 그저 안다는 것으로 만족하고 있었다.

보이지 않는 노력 - 번데기

아무리 아웃풋을 외쳐도 완벽하지 않으면 한 발짝도 옮기지 못하는 나는 제자리걸음만 되풀이했다. 머릿속으로는 뭔가를 해야 한다고 외치고는 있었으나 아무것도 못 했다.

2021년 연초, 나비 선배들과 100일 33권 읽기와 글쓰기 프로젝트를 시작했다. 3일에 책 한 권을 읽어내는 것도 힘들었지만 매일 한 편의 글을 블로그에 올리는 일은 더 어려웠다. 무슨 말을 써야 할지 몰라 횡설수설하는 글을 공개로 올리는 건 화장기 없는 얼굴로 거리를 활보하는 것과 같았다. 이웃 수가 적어 많은 사람이 읽지는 않겠지만 나를 드러내는 일은 결코 즐거운 일이 아니었다. 글쓰기도 어려웠지만 주제 정하는 데 시간이 더 걸렸다. 그래서 〈내 상처의 크기가 내 사명의 크기다〉(송수용)에 소개된 120개의 제목을 따라 글을 썼다. 잘 써지는 날도, 도무지 뭘 써야 할지 감도 못 잡는 날도 있었지만 100일 글쓰기를 무사히 마쳤다. 독서 리뷰도 했다. 매일 한 권씩은 못 읽지만 읽은 만큼만이라도 올려보았다. 밤마다 컴퓨터 앞에서 서너 시간을 보냈다. 중노동이었다. 누가 시켜서 하는 것도 아니고 돈을 받고 하는 것도 아니었다. 그저 꾸준하게 해보는 거였다.

읽고 쓰고 듣고 말하고, 우리의 모든 삶은 이 네 가지와 밀접한 관계가 있다. 나이가 들면서 고질병이 생겼다. 내 맘대로 읽고 내 맘대로 듣는다. 읽고 싶은 대로 읽고 듣고 싶은 대로 듣는 셈이다. 정독, 경청은 물 건너간 지 오래다. 이런 내 모습이 낯설다. 나이가 들면 눈도 잘 안 보이고 귀도 잘 안 들려서 더 집중해야 하는데, 벌써 내 맘대로다. 이래서 세대 차이가 생기나 보다.

2021년 9월 말, 코로나가 끝나고 학교는 활기를 띠었다. 첫날 수업엔 대부분 수업에 100% 출석률을 기록했다. 선생님들은 흥분했다. 몇 년 만에 하는 교실 수업은 열정으로 가득했다.

원 워드 - 탈피

이제 더는 남은 생을 소심하게 살지 않기로 했다. 〈원 워드〉라는 책을 읽고 매년 붙잡을 단어 하나를 정했다. 아웃풋(2020), 실행(2021), 성과(2022)로 정했다. 50년의 인풋 인생, 아무리 아웃풋을 외쳐도 늘 인풋이었다. 뭔가를 하려고 하면 '안 되면 어쩌나?' '실패하면 어쩌나?' 일어나지도 않은 일을 걱정하며 미뭇거렸다. 그래서 2021년에는 '즉시 실행'이라고 종이에 써서 방 한가운데 코르크 보드에 붙여놓았다. 보물 지도와 꼭 해야 할 일들도 붙여놓았다. 들어오고 나가며 눈도장을 찍었다. 아이디어도 많고 계획도 많은데 실행하려면 늘 주저했다. 그래서 '즉시'라고 크게 써넣었다.

독서 모임에 대한 부담감이 있었다. 코로나 이전에 학생들과 독서 모임을 하기로 했는데, 코로나가 이리 길어질 줄 몰랐다. 2021년 대면 수업이 시작되면서 바로 광고를 올렸다. '그림책 동아리 시작합니다. 한국어 잘 못해도 됩니다. 그림 보며 얘기해요. 아무나 오세요.' 그리고는 중학교 도서관에서 예전에 봤던 〈강아지 똥〉 두 권을 빌려왔다.

첫 시간 몇 명이나 올까 걱정 반 설렘 반으로 찾은 교실에는 여섯 명이나 있었다. 책을 좋아해서 온 친구들도 있고 호기심으로, 한국어 공부를 하고 싶어서, 나랑 안면이 있다는 이유로 왔다. 어떻게 진행해야 할지 나도 몰랐다. 그저 원 워드인 '실행'을 시도했을 뿐이다.

그림책은 글밥이 적지만 한국어 초급 학습자들에게는 어렵다. 의성어, 의 태어도 많아 설명도 쉽지 않다. 그래도 그림이 있어 그나마 낫다. 이렇게 질문했다.

"뭐가 보여요? 색깔은 어때요? 표정은 어때요? 왜 구석에 있을까요?"

뭘 말해야 할지 모르는 학생들은 내 질문에 따라 알고 있는 단어를 말했다. 어떤 학생은 한국어로 말하는 게 힘든지 모임 내내 좌불안석이었다.

"선생님, 제 어린 시절 같아요."라면서 한 여학생이 입을 뗐다. 울먹거리며 강아지 똥처럼 왕따당했던 이야기를 했다.

다음 주에는 그림책 사진과 학생들 사진으로 페이스북에 광고를 올렸다. 광고를 보고 졸업생, 일반인들이 참석해도 되느냐는 문의가 왔다. 학생들이 더 왔다. 한국어로 말하고 싶은데 말을 잘 못 하는 학생들이 왔다. 괜찮

다. 말 못 하는 게 무슨 큰 죄라고. 난 영어를 8년이나 배웠는데도 외국 사람만 보면 물어볼까 봐 가슴이 두근거린다. 동아리의 목적은 한국어 말하기보다 '생각하기'이다. 보이는 것을 말하는 것도 중요하지만 왜 그런지, 어떻게 될 것인지 생각하는 능력이 중요하다고 본다. 어른들은 요즘 애들은 생각을 안 한다고 말한다. 그렇다. 생각할 틈을 주지 않으니 생각을 못 하는 거다. 질문을 받으면 그 질문에 답하려고 생각을 시작한다. 나도 질문을 하며 생각한다.

"우와 선생님! 강아지 똥이 민들레 씨앗을 꼭 안아주고 있어요. 보세요. 세상이 환해요."

그리고 보니 안아주는 그림이었다. 그로 인해 세상은 알록달록 다른 세상이 되어 있었다.

그림책을 함께 나누며 목이 멜 때가 몇 번 있었다. 〈나의 엄마〉라는 책은 모든 페이지에 '엄마'라는 단어밖에 없다. 엄마를 이렇게도 다르게 표현할 수 있는지 처음 알았다. 그림책 속 엄마의 일생이 우리 엄마의 일생이며 내 삶이라는 것을.

그림책 동아리는 학생들을 위한 시간이 아니라 나를 위한 시간이었다.

성과 - 날갯짓

지난여름 아들 결혼식이 있었다. 한국에 갔다. GKS 대한민국 정부 초청 장학생으로 이화여대 석사를 졸업한 바트체첵을 만났다. 대학에서 한국어도 가르치고 교회에 전도돼 몇 년을 같이 보낸 친구이다. 2018년 안식월을 마치고 돌아와 독서와 유튜브 방송을 하라고 많은 사람에게 권했는데, 바로 시작한 학생이 이 친구다. 책 먹는 여자 최서연 선배와 연결해 유튜브 계정 만드는 법, 영상 만드는 법 등을 배울 수 있도록 도왔다. 처음에는 영상을 올렸다 지우기를 반복하며 왜 나는 구독자가 늘지 않느냐고 했다. 하지만 한국에 가서는 코로나임에도 불구하고 책 리뷰와 한국 생활 영상을 꾸준히 올렸다. 2년이 지나고 3년 차가 되니 드디어 구독자가 늘어나기 시작했다.

"선생님, 지난달에 처음 유튜브에서 돈이 들어왔어요. 30불이요."

요즘 유행하는 말이 있다. '중요한 건 꺾이지 않는 마음'이라고 월드컵 16강을 마친 조규성 선수의 말이다. 그렇다. 중요한 건 포기하지 않고 꾸준하게 지속하는 것이다. '지치지 않는 마음'을 열정이라고 했던가. 용두사미처럼 시작은 늘 창대하나 끝은 사라지는 우리네 삶과 달리 시작은 미약하나 시간이 갈수록 창대해지는 것을 보는 것은 기쁘다 못해 감격스럽기까지 하다.

올해는 내게도 성과가 나기 시작했다. 그림책 동아리도 두 개로 늘었다. 작년에 100일 동안 쓴 세 개의 소원 중 교회가 부흥되어 장소를 옮겼다. 여름에는 아들이 결혼했고, 학교에서는 승진해서 세종학당장이 되었다. 또한 한국학 중앙연구원에서 지원하는 해외 한국학 사업을 위한 한국학 석사과정을 인증받았고, 해외 한국학 중핵사업 육성대학에 선정되었다. 미국 인디애나대학교, 호주 쿠틴대학교와 함께 몽골 국제울란바타르대학교가 선정되었다. 이 사업에 사업단장이 되었다. 나는 안다. 내 능력으로는 어림도 없는 큰일이라는 것을.

아직도 포기하고 싶을 때가 있다. 하지만 나비가 되어 맞이한 세상에서 새로운 비행을 시도할 수 있는 것은 함께 할 나비 떼가 있기 때문이리라.

사진제공 **강대우**

chapter 2

몽골에서
미라클 모닝을 깨우다

강대우 달력에 나올 정도로 한국에서 가장 아름다운 교회 담임목사였다. 이름만 들어도 유명한 대형교회 차세대 목회자였다. 다음 세대 주일학교, 청소년 전문사역자로 이름을 날리던 어느 날 모든 것을 내려놓고, 광활하고 척박한 몽골 땅에 가족과 선교사로 왔다. 한 영혼이라도 세우고자 열정 하나로 선교하다 추방의 절체절명의 위기를 맞았으나 주님의 극적인 은혜로 극복하였다. 이후 찾아온 번 아웃으로 인해 철수를 고려할 만큼 심각한 상황에 이르렀다. 그때 기적과 같은 사랑의 언약 '겨울 무지개'를 보고 회복하여 몽골 교회의 다음 세대를 세우는 사역과 작은 도서관 나비모임을 통한 독서운동에 앞장서고 있다. 지금은 몽골의 차세대 미래 주인공이 될 신학생을 훈련하는 몽골침례신학교 학장으로 섬기고 있다.

잠자고 있는
부르심을 깨우다

　주님을 인격적으로 만난 후, 선교사의 비전을 품고 신학교에 입학하면서
부터 신교사로 나가기 위해 나름대로 열정을 품고 많은 준비를 했다. 신학
교를 졸업하면 금방이라도 선교지로 떠날 것 같았는데 현실은 그렇지 않았
다. 결혼도 하고, 목사 안수도 받고, 안정된 사역지에서 사역하다 보니, 현재
의 삶에 안주하게 되었다. 그러던 중 한 이야기를 듣고 정신이 번쩍 들었다.
어느 동물원의 이야기다.

　엄마 낙타와 아기 낙타가 함께 있었다. 하루는 아기 낙타가 엄마 낙타에
　게 묻는다.
　"(울면서)엄마 친구들이 자꾸 놀려요~"
　"왜?"
　"(혹을 가리키며)제 등에 혹이 났다고요!"
　그러자 엄마 낙타를 아기 낙타를 다독이며
　"얘야, 그건 우리한테 꼭 필요한 거야. 물도 없는 혹독한 사막에서 버
　티려면 그 혹에서 지방이 물로 변화되어 꽤 오랜 시간 버틸 수 있단다."

몽골에서
새끼염소와 함께

"아~ 그렇구나."

안심하는 듯하다가 다시 엄마 낙타에게 묻는다.

"근데 엄마 눈에 눈꺼풀과 눈썹은 왜 이리 커요?"

"아 그건 사막의 모래 폭풍에서 눈을 보호키 위한 것이지."

"와~ 이렇게 좋은 기능이 있네요."

그러다 잠시 후 다시 엄마 낙타에게 묻는다.

"근데 엄마! 이렇게 사막에서 오랫동안 버틸 혹과 모래바람에도 끄떡없는 눈꺼풀이 있는데, 우리는 지금 동물원에서 뭐 하는 거예요?"

우스운 이야기일지는 모르겠지만, 잠자던 선교의 열정이 다시 불붙는 계기가 된 예화였다. 내 안에 복음의 위대한 비밀과 능력을 가지고 있음에도 그냥 편한 동물원 같은 곳에 있던 나에게 복음이 필요한 선교 현장에 내가 필요하다는 강한 부르심이었다.

혹독한 신고식과
겨울 무지개

몽골에 와서 처음 몇 개월은 그야말로 좌충우돌이었다. 전혀 다른 풍습과 언어소통 문제로 크고 작은 일들이 잦았다. 물건값 바가지 쓰기는 다반사였고, 핸드폰을 소매치기 당하고, 소위 선배 선교사들이 말하는 선교지 정착을 위한 신고식을 제대로 치렀다.

그러다 몽골에 온 지 2년 만에 시골에서 이동 신학교 사역을 했을 때였다. 현지인 신고로 같이 사역하던 세 가정이 출동한 경찰과 이민국 직원에 잡혀 거주증을 모두 뺏기고 세 차례 취조를 당한 적이 있다. 다들 추방 100%라고 했는데 극적인 은혜로 다시 몽골에 남게 된 대박 사건이었다. 추방 1분 전 위기를 겪으면서 현지 사역에 대한 어려움은 점점 심해졌다. 계속 사역은 진행됐지만, 특별히 나아지는 것 같지 않았다.

아내는 향수병에 힘들어했다. 게다가 한국에서 아버지의 대장암 4기 소식이 전해졌다. 긴급수술을 해야 한다고….

'정말 여기서 포기하고 철수해야 하나?'

이런 생각까지 한 적이 있었다. 그런 힘든 상황 속에서 주님께서 무지개를 보여주셨다. 그것도 겨울 무지개를….

기적의 겨울 무지개

12월 몽골의 한겨울에 게르 촌(몽골의 전통 집이 밀집한 빈민촌)에서 예배를 마치고 집으로 돌아오던 중에 하늘에 뜬 무지개를 보았다. 너무나 신기해서 급하게 차에서 내려 사진을 찍었다. 그런데 찍자마자 무지개는 5초 만에 사라졌다. 너무나도 신기했다. 집에 와서 곰곰이 생각해 보고 인터넷을 찾아보았다. 겨울에 무지개를 본다는 것은 거의 기적 같은 일이라고 한다. 나도 평생에 처음 봤으니까…. (주변에 본 사람이 한 명도 없다.) 더욱이 극한 추위와 건조한 몽골에서. 그러면서 든 생각이 주님께서 우리 가정의 상황을 아시고, 다시금 언약의 상징인 무지개를 보여주신 것으로 확신했다. 맞다! 무지개는 사람들을 다시는 물로 심판하지 않겠다는 주님의 언약이다. (창세기 9장 11~17절) 바로 '사랑의 언약'인 것이다. 영하 40도를 넘나드는 극한의 몽골에서 외로이 사역하는 우리 가정에 주시는 위로의 메시지였다.

몽골에 와서 엄청난 일들을 겪고 잠시 마음이 멍했지만, 겨울 무지개 본 이후 다시금 마음을 잡고 감사함을 되찾았다. 가만히 생각해보니, 선교하는 동안 그때 그때 위기의 순간마다 귀한 분들이 도움의 손길을 보내셔서 절체절명의 순간을 은혜 가운데 잘 넘겨온 것을 보게 되었다. 추방의 위기 속에서 수많은 중보자의 기도로 천사 집사님을 보내주셔서 그 위기를 넘겼다. 차가 멈추었을 때는 차를 잘 아는 카센터 아저씨 덕에 견인해서 수리할 수 있었다. 차 파는 현지인이 거주증을 안 돌려주는 상황에서는 현지 목사님의 도움으로 해결되었다. 내 생애 처음으로 차를 견인해 갔을 때도 현지인들의 도움으로 되찾게 되었다. 비자를 받지 않은 첫 단기팀이 한국으로 돌아갔을 때는 2일 만에 비자를 받고 다시 몽골에 방문함으로 오히려 그동안 힘든 마음을 위로해주는 나만의 공연팀이 되어주었다. 말에서 떨어져 죽을 뻔했을 땐, 간단한 상처만 나고 크게 다치지 않았다.

그동안 내 마음 가운데 여전히 무지개를 보여주시며 나를 계속 응원하고 있었는데 나는 그것을 까맣게 잊고 있었다.

세월을
아껴라!

여러 위기를 겪으면서 번아웃을 경험했다. 열정만을 가지고 하는 것이 아닌 시간을 좀 더 체계적으로 관리해야 할 필요를 느끼고 있었다. 그때 귀한 성경 말씀을 주셨다. "세월을 아끼라 때가 악하니라"(에베소서 5:16) '선교지에서 어떻게 하면 나에게 주어진 시간을 잘 살아낼까?'란 고민을 하던 그때 응답으로 주신 말씀이다. 선교지에 와보니 전에 사역할 때와 달리 넘쳐나는 시간을 감당할 수 없었다. 전에 교회 사역할 때는 늘 짜인 틀에서 새벽기도를 시작으로 바로 출근해서 정신없이 바쁘게 보내다 퇴근했다. 어떨 때는 밤늦게 퇴근할 때도 다반사였다. 그런 바쁜 삶을 살다가 선교지에 와보니 모든 상황이 달라졌다. 처음엔 매일 어디를 출근할 상황도 아니었다. 어딘가 매여서 하는 것이 아니니, 정말 시간이 넘쳐났다.(?) 그래도 나에게 주어진 사명의 크기가 컸기에 그 시간을 의미 있게 보내고자 애쓰며 기도했더랬다.

그러다 만난 게 바로 '유비나비' 독서 모임에서 만난 3P 바인더(시간 관리를 체계적으로 할 수 있는 다이어리)였다. 나름 다이어리를 쓰는 게 익숙했기에 똑같은 다이어리인 줄 생각했다. 그리고 스마트폰으로 충분히 모든 일정을 잘 관리하였기에 별 필요성을 느끼지 못했다. 함께 팀으로 사역하시는 선교사님께서 3P 바인더와 독서 모임을 소개해 주었지만 감흥이 없었다. 그러다 책을 좀 더 읽고 싶은 마음도 있었고 계속 권면도 하셔서 참석하게 된 독서 모임 나비! 그 모임을 통해서 내게 주신 에베소서 5장 16절 말씀이 응답되기 시작했다. 늘 책을 읽어야 한다는 부담감이 있었다. 시간은 있었지만, 선교지에서 적응하느라 마음의 여유가 없다 보니 쉽게 책이 읽히지 않았다. 그런데 매주 토요일 새벽마다 선교사님들과의 독서모임 '유비나비'에 참석하게 되면서 반강제적으로 책을 읽고 나눠야 하는 환경으로 바뀌니 자연스럽게 책을 읽게 되었다. 또한 기존 다이어리를 버리고 새롭게 시작한 3P 바인더는 내 삶의 패턴을 완전히 바꾸어 주었다. 그동안은 이벤트 중심의 시간 관리였다. 그날 일정이 있으면 그 이벤트를 중심으로 하루의 시간을 보냈다. 종종 남는 시간은 의미 없이 보내는 일도 많았다.

그러나 3P 바인더를 만나고 난 후로는 사명 선언서를 바탕으로 100세까지 인생계획, 연간계획, 월간계획대로 미리 3일 단위로 시간을 하루하루 계획했다. 또 그 시간을 잘 썼는지 피드백을 하게 되었다. 기존 이벤트 중심의 시간 관리보다 훨씬 자투리 시간이 많아지고, 그 시간에 중요하지만 급하지 않은 일들을 시작하게 되었다. 그 결과로 얻은 좋은 성과 중의 하나가 1년 동안 100권의 책을 읽게 된 것이다. 그렇게 독서 모임을 통해 4년 동안 매년 100권 이상의 책을 읽게 되어 3P 바인더의 시간 관리의 힘을 증명해 냈다. 그동안 책을 읽는다고는 했지만, 이렇게까지는 못했다. 4년 동안 수많은 사역 속에서 다양한 주제의 책을 500권 넘게 읽었다는 것은 하나님의 은혜가 아니고서는 설명할 수 없다. 오늘도 하나님이 나에게 주신 시간을 감사하며 하루를 연다. 하나님이 주신 시간을 위해 오늘도 최선을 다한다.

나의 기적의 루틴은 매일 시작된다. 새벽 5시 기상과 함께 이뤄지는 1시간 새벽기도, 성경책 40장 읽기, 큐티QT와 선교일기 쓰기, 운동 30분, 청소력, 몽골어 공부 , 제자 양육, 정오기도, 독서 30분, 영어공부 10분, 온 가족 말기찬기도회(말씀/기도/찬양 가족예배) 30분, 자녀를 위한 축복 안수기도 5분. 매일 해 온 루틴은 지금의 나를 만들었다. 주님께서 허락하신 선교의 기회를 헛되이 보내지 않기 위해 오늘도 미라클모닝은 계속된다!

학습공동체로
새로운 도전을 시작하라!

새해를 시작하면서 독서 모임을 하는 선교사님들과 함께 세 가지 도전 주제를 정했다. 자신이 도전하고 싶은 것을 하나 둘씩 선택해서 선수금(일정의 금액을 내고 도전에 성공 시 돈을 돌려받고, 성공을 못 하면 날 수를 계산해서 벌금을 내기로 함)을 내고 도전장을 내밀었다. 새해가 되면 늘 계획은 세우지만 혼자만의 의지력으로는 늘 중간에 실패하기에 집단 지성과 함께 하는 공동체의 힘을 빌렸다.

이러한 도전들이 하나 둘씩 열매 맺기 시작했다. 첫 번째 도전 주제가 30일 동안 매일 글쓰기였다. 정말 많은 분이 도전에 응해주었고, 거의 모든 분이 30일 동안 빠지지 않고, 1월 1일부터 30일까지 도전에 성공하였다. 두번째 주제는 100일 동안 33권 책 읽기다. 네 분께서 도전 신청하였는데 순항 중이다! 이제 며칠 안 남았다. (75일째!) 세 번째 주제는 5가지 프로젝트 완수 도전인데 이것도 잘 진행되고 있는 것 같다. 아마도 혼자 했더라면 좋지 못한 결과를 냈을 텐데…. 함께 하는 학습 공동체의 힘은 정말 놀라운 것 같다. 거기서 멈추지 않고, 30일 글쓰기에 성공한 분들은 또 100일 글쓰기 도전에 신청하였다.

100일 글쓰기 도전은 나를 포함해서 네 분이 함께 하고 있는데, 다들 얼마나 잘하고 있는지…. 글쓰기 도전을 통해서 글쓰기 실력도 향상되었다. 매일 자기 자신을 돌아보며, 주님과 교제 시간을 갖고 있는데 쓰신 글을 보고 있으면 정말 큰 은혜가 되고 도전이 된다.

또 몇 분들은 4차 산업 혁명 시대에 맞게 '코딩'을 배워보자 하여 2월 15일부터 '30일 코딩'을 시작했다. 처음엔 코딩이 뭔지도 모르고 시작했는데, 코딩을 개념부터 시작해 기초를 배우면서 30일 동안 스마트폰 앱을 만드는 것은 물론 AI인공지능까지 할 수 있는 단계에 이르렀다. 모른다고 시작도 안 했다면 30일이 지난 지금 코딩의 '코'자도 몰랐겠지만, 지금은 코딩에서 가장 핫한 '파이썬'과 '자바스크립트'까지 알게 되었으니 얼마나 놀라운 일인가? 30일 동안 코딩을 배워 코딩을 알게 되다니.

그렇게 코딩 30일 도전이 완료되었다. 매일 30분(30분×30일=900분, 15시간) 가까이 시간을 투자했다. 그 짧은 하루 30분이었지만 정말 많은 변화를 가져왔다! 성취감도 생겼고, 이제는 4차 혁명의 시대의 언어인 코딩을 알게 되어 너무나 뿌듯하다. 앞으로 사역 현장에 어떻게 도움이 될지 기대가 된다.

우리는 여기서 멈추지 않고 새로운 도전을 시작하려고 한다. 함께 코딩을 배우는 분들과 다음 주 월요일부터 몽골어 성경 30일 암송 프로젝트다. 매일 몽골어 성경 한 구절을 암송하고 영상으로 찍어서 단톡방에 올리는 방식이다. 하루에 한 구절, 다음 날은 한 구절 포함해서 두 구절을 암송하는 시스템이다. 30일이 지났을 때 몽골어 성경으로 30구절을 암송하여 몽골어도 한층 업그레이드될 그날을 생각하니 너무나 기대가 되고 설렌다. 이렇게 함께 할 수 있는 학습 공동체가 있어서 얼마나 감사한지…. 혹시나 이글을 보시는 분 중에 어떤 것을 배우고 싶은 분들이 있다면 혼자 하는 것도 좋지만, 그동안 늘 실패했다면 함께 할 수 있는 학습공동체를 만들어 해보시면 놀라운 성과를 낼 수 있음을 감히 말씀드리고 싶다!

주님께서 주신 하루를 열심히 살자! 주님이 허락하신 선교지에서! 결코, 후회 없이! 아낌없이!

독서 모임을 당장 시작하라!

매주 토요일은 독서 모임이 있는 날이다. 같이 팀으로 사역하시는 선교사님의 권유로 시작한 독서 모임이다. 그런데 매주 토요일 새벽 6시 40분 (21년부터는 오전 7시로 변경)에 모여서 독서 모임을 한다고? '이분들 열정이 대단하네…'라고 생각했다가도 꼭 그렇게까지? 나 혼자 잘 읽으면 된다고 하면서 애써 스스로 위안을 삼으며 모임에 나가지 않았다. 그러다 그 모임에 참석하시는 선교사님의 변화와 계속된 권면으로 그래 한번 가보자 하고 시작한 게 벌써, 4년이 지났다. 그렇게 시작한 독서 모임, '유비나비'(뜻: '유비'-너는 날 수 있다! 울란바타르를 영어로 UB '나비'-나로부터 비롯된 변화!)는 정말 나에게 많은 변화를 가져왔다.

가장 큰 유익은 지난 4년 동안 매년 100권의 책을 읽을 수 있게 된 것이다. 지난 4년 동안 500권이 넘는 책을 읽었다. 지금도 지난해에 이어 150권에 도전하고 있다. 아마도 연말이면 그 목표를 충분히 이룰 수 있을 것 같다! 매주 책을 읽어야 한다는 부담감이 있었지만, 혼자 했다면 읽다가도 다음으로 미뤄서 한 주에 한 권도 못 읽었을 것이다. 예전의 나처럼…. 그런데 함께 읽고, 책 나눔을 해야 하는 환경으로 바뀌다 보니 자연스럽게 책과 가까이하게 되고, 내 능력 이상의 책을 읽을 수 있게 되었다.

또한, 다양한 책을 읽을 수 있다는 장점이 있다. 전에는 신앙 서적 중심으로, 추천도서 위주로 읽었다. 그때는 편향된 독서를 했다면 독서 모임에 참석하고 난 이후부터는 월별로 주제를 정한다. 2권은 지정도서(그 주제에 맞는 검증된 책)를 읽고, 2권은 그 달 주제에 맞는 자유로운 책을 읽는 것이다. 그렇게 책을 읽다 보니, 다양한 주제와 다른 분야의 책들을 읽어보게 되었다. 아마도 독서 모임에 참석하지 않았더라면 편협한 시각으로만 세상을 봤을 텐데…. 다양한 분야의 책을 보면서 세상을 이해하는 폭이 좀 더 넓어지는 느낌이다.

거기에 더 대박은 책만 읽는 것이 아닌 독서 토론이다. 자기가 읽은 책을 가지고 나눔을 하는 것이다. 나눔 방법은 어렵지 않은데 '본깨적' 한 것을 나누는 것이다. '본깨적'은 책을 읽으면서 본 것, 깨달은 것, 적용한 것이다. 그냥 혼자 읽고 끝나는 취미 독서 모임이 아닌 성장 독서를 지향한다. 함께 읽고 토론하면서 서로의 다른 관점과 다른 분의 의견과 도전되는 내용을 나누면서 함께 성장하고 있다. 무조건 책을 읽으라고만 하는 것이 아니다. 책을 읽을 수 있도록 "하루의 스케줄, 3일 단위 일과, 일주일 삶, 1년 그리고 평생 우리의 삶을 어떻게 살아야 할지? 하나님이 주신 사명을 이루도록 시간 관리를 할 수 있도록 함께 도와준다."

일주일 단위로 삶을 기록한 '3P 바인더'는 우리의 삶을 보다 의미 있게 살 수 있도록 서로에게 큰 힘이 되어주고 있어서 나 역시도 굉장한 도움을 받고 있다. 선교지에서 하나님의 주신 사명을 잘 감당할 수 있도록 큰 원동력이 되고 있다.

동료 선교사님의 권면으로 시작한 독서 모임이었지만, 이것은 하나님의 특별한 계획으로 인도하신 모임이다. 이런 말이 있다. '좋은 만남을 선택하라!' 지금 어떤 사람들과 교제하느냐? 가 그 사람의 삶을 결정한다! 코로나도 우리의 열정을 막을 수 없다! 맞다! 나는 이 말에 전적으로 동의한다. 아마도 이런 좋은 만남을 선택하지 않았다면 나는 오늘과 같은 글을 쓸 수 없었을 것이다. 혹시나 아직도 책과 거리를 둔 삶을 사는 분이 있다면 당장 주변의 사람들과 독서 모임을 시작하라! 이전과 다른 삶을 위한 새로운 힘을 불어넣은 변화의 시작이 될 것이다!

다른 미래 꿈꾸는 자!
다른 미래 준비하라!

chapter 3

나비방의 전문인

김상헌　교회를 섬기면서 꿈꾸어 왔던 교육 선교사가 되어 대학 은퇴 후에 몽골에 왔다. 몽골국제대학에서 중앙아시아 유학생과 몽골 학생에게 환경공학을 가르치며 크리스천 리더로 양육하는 사역을 하고 있다. 현지 교회 사역에도 온 힘을 쏟고 있으며 몽골 나비모임을 통해 대학생과 청소년들에게 꿈과 희망을 심어주는 작은 도서관을 세우고 청년들과 함께 편부모 자녀의 방과 후 교실을 운영하고 있다.

악몽같은
코로나바이러스 격리 경험

코로나바이러스로 전세계가 난리였다. 외국인이면서 몽골 선교사인 내가 코로나 바이러스에 걸리면 어떤 일이 몽골에서 벌어질까? 한 치 앞도 알 수 없는 상황을 맞고 있었다. 하지만 희망을 잃지 않을 수 있었던 이유는 코로나바이러스 감염의 끝이 있다는 믿음이 있었기 때문이다.

코로나 기간에 몽골 입국

코로나 청정지역 몽골에서 코로나가 급속히 유행될 때 나는 몽골에 입국했다. 의료 시설이 부족한 몽골은 해외 유입을 철저히 막았다. 코로나와의 전쟁은 몽골에 파송되어 2020년 9월 26일 칭기즈칸 국제공항에 내리면서부터 시작됐다. 몽골이 7개월 동안 공항 출입을 허락하지 않다가 특별기를 띄운 날이다. 비행기 내에서 여권이 회수되고 호출 순서대로 기내 가방만 들고 비행기 뒷문으로 내렸다. 통로 천막 안을 통과 할 때 알 수 없는 소독약이 온몸과 가방 위에 샤워 물처럼 뿌려졌다. 통관 입국 절차도 없이 격리

차량에 탑승하였다. 경찰 호위를 받으며 지정 호텔로 직행하여 배정된 방에 입실해서 21일간 격리되었다.

나는 한국에서 음성 확인서를 가져왔다. 하지만, 아무 소용이 없었다. 모든 몽골 입국자는 코로나 감염자로 간주했다. 직원과 간호사는 완전 방호복을 착용하고 우리를 환자 취급하였다. 비싼 호텔비를 본인이 내고 있었지만, 호텔 개인 호실 문밖으로 일절 나올 수 없었다. 식사 때도 직원이 노크하면 문 앞 탁자위에 놓인 식사를 들여오고 그릇을 다시 문밖으로 내놓았다. 일주일에 한 번 면봉으로 콧속을 찌르며 코로나 검사를 받았다.

격리가 시작될 때 이 특별한 경험을 기록으로 남기기 위해 호기심과 의욕을 갖고 글을 쓰기 시작했다. 하지만 격리된 사실을 매일 반복해서 쓰게 되면서 순간적으로 내가 갇혀 있는 현실이 바뀔 수 없을 것 같은 공포가 느껴졌다. 지금 당장 밖으로 나가지 않으면 나는 영원히 이 방안에 갇혀서 살아갈 것 같았다. 폐실 공포증이 이런 것인가 하는 생각이 들었다. 나 혼자서는 글쓰기를 지속할 수 없었다. 다른 호텔에서는 격리 만료 하루를 남기고 격리자가 고층에서 떨어져 자살했다는 소식을 뉴스로 접했다. 고인의 절박했던 심정이 충분히 이해되었다. 왜 이사야 선지자가 포로 된 자에게 자유를 주는 은혜의 날을 선포하려 했는지 나는 이해가 된다. 나는 마지막 격리 해제되는 그 날이 오기만을 기대했다. 그날이 드디어 왔다. 나는 사람들과 함께 길을 걷는 자유를 누렸다. 자유를 허락하신 하나님께 감사했다.

코로나 감염자 치료

코로나 격리 해제 기간에 몽골 교회에서 예배를 드렸다. 전도사 부부와 두 어린 자녀가 코로나에 걸렸다. 다음 주일에는 다른 자매와 나이 든 성도 님이 걸렸다. 나중에는 필자만 제외하고 거의 모두가 감염되었다. 몽골 울 란바타르 수도의 시민들도 코로나 양성판정을 받은 사람들이 급격히 늘었 다. 병원 입원실이 부족하고 입원 후에도 중증이 되고 의료진도 감염되었 다. 수많은 감염자는 이제 보건소에서 약을 받아 집에서 자가 격리한다. 일 주일 정도 앓고 나면 완치자로 간주 되었다.

필자도 몇 차례 코로나 증세를 느꼈으며 최종으로 양성판정을 받아 자 가 격리를 하였다. 해열제 진통제 등의 약으로 견디었다. 정말 악몽이었다. 외로움이 물밀듯이 몰려왔다. 일주일이 지나서 나는 음성 감염자로 인정받 았다.

코로나 시대의 해법, 책을 통해 찾다

몽골 입국과 함께 시작된 코로나와의 전쟁은 인생의 근원적인 질문으 로 나를 이끌었다. 그러던 중 몽골 유비나비 독서 모임에서 할 엘로드가 쓴 《미라클 모닝》을 읽게 되었고 나는 이 책에서 코로나 시대의 안전한 삶의 지혜를 알게 되었다.

'목표를 세우는 목적은 달성 그 자체가 아니다. 진짜 목적은 구체적인 목 표의 달성을 이루는 여부와는 상관없다. 다만 앞으로 그 목표를 달성 할 수 있는 사람으로 무장하는 데 있다.'

코로나 시대의 안전한 삶을 위한 목표는 코로나바이러스를 없애는 것일 수 있다. 하지만 인간이 할 수 있는 방법은 예방일 뿐 코로나바이러스를 죽 여서 치료받을 수 없다. 바이러스가 내 몸에 들어오면 내 몸의 일부가 된다.

바이러스를 죽인다는 것은 내 몸의 일부를 죽이는 것이다. 그래서 현대 의학에서도 몸속의 바이러스가 몸 전체로 확산하는 것을 막는 것이 최선의 치료이다. 내 몸의 면역력으로 싸워 이기는 방법 외에는 없다.

우리의 목표는 코로나바이러스를 제거하는 것 같지만 실제로는 바이러스가 내 몸에서 제거될 때까지 나와 내 몸이 이겨야 한다는 사실이다.

《미라클 모닝》에서 말한 진정한 목표의 달성을 위해서는 내가 이기는 사람이 되어야 한다는 것이다. 코로나 난국을 견디며 이겨나가는 사람이 되기 위해서는 면역력과 같이 확실히 이길 수 있는 것에 의지해야 한다. 이길 방법은 모든 것을 주관하시는 분을 의지해서 사는 것이다. 몽골의 34세 청년이 코로나를 비관하여 투신자살한 것도 결국은 희망과 믿음이 끊어졌기 때문이었다.

코로나바이러스의 감염은 알 수 없는 경로로 알 수 없는 사람에게 전염된다. 하지만 코로나 시대를 통해 우리는 구체적으로 무엇 때문에 하나님을 의지해야 하는지를 이해하게 된다. 알 수 없는 것이 아니라 모든 것을 다 아시는 하나님을 의지하는 방법을 배우게 되는 것이다.

나비 선배들과
몽골 지방 여행

코로나 바이러스로 인해 비정상적인 적응을 하고 있던 차에 나비 선배들과의 몽골 지방 여행은 몽골 생활의 즐거운 쉼표와 자극이 되었다.

2022년 6월 23일 아침 우리 부부는 정홍재, 임보환 선배님 그리고 몽골 어치툭스 가족과 간톨락 가족 총 10명이 차 2대에 짐을 싣고 어기노르라는 호수로 출발했다.

몽골나비 지방 여행은 처음이라 아주 기대가 되었다.

임보환 선배님은 낚시를 아주 좋아한다. 그래서 어기노르에서 물고기를 잡는 꿈에 부풀어 있다. 정홍재 선배님은 20년차 몽골 베테랑 선교사라 시골여행을 위해 아주 치밀한 준비로 섬겨 주었다. 몽골 시골은 정말 글자 그대로 아무 것도 없기 때문에 출발하기 전 철저한 준비가 필수이다. 우리는 22일에 바르스 청과물시장에 가서 필요한 물품들을 구입하였다.

어치턱스 부부는 제대로 낚시를 하기위해 고무보트까지 준비해서 차에 싣는 것을 보고 깜짝 놀랐다. 화끈한 몽골 사람들이다. 여름 휴가를 한달씩 보내는 사람들이라 준비도 아주 철저하다.

처음 몇 시간 동안 우리 차는 포장도로를 달렸다. 하지만 몇 시간 지나지 않아 비포장도로로 접어들었다. 정말 업 앤 다운의 연속이었다.

몽골은 바다가 없는 내륙 국가이다. 그런데 웬걸! 어기노르는 호수가 아니라 거의 바다 수준이었다. 엄청난 크기에 놀랐다. 그리고 소금기가 없는 호수여서 민물고기들이 많이 서식한다는 사실에 또 한 번 놀랐다.

우리는 몽골 게르집를 빌려주는 세 곳을 둘러 보았다. 어떤 집은 우리가 외국인인줄 알고 가격을 비싸게 부르기도 했다. 우리는 몽골게르 2개를 빌렸다. 그리고 여장을 풀었다. 우리 게르에는 정홍재 선배님이 식사당번으로 자원해 주셨다. 어기노르 호수가에서 우리는 준비해간 삼겹살을 구워 먹었다. 정말 둘이 먹다가 하나가 죽어도 모를 맛이다.

다음날 고기잡는 팀들은 배를 타고 나가고, 몽골 나비도서관의 요리사인 정선배님은 맛난 매운탕을 끓일 준비를 해주셨다. 우리 고깃배 팀들은 3마리의 물고기를 잡았다. 정말 팔뚝만한 물고기들이 잡혔다. 정선배님이 준비하신 매운탕 재료에 물고기를 넣고 오랜 시간 푹 고아서 먹었는데 고기살이 탱탱한 것이 식감이 장난 아니다. 우리는 잡은 고기로 매운탕을 배불리 만들어 먹으며 즐거운 저녁 식사를 했다.

우리는 매운탕을 먹고 행복한 저녁 시간을 보내고 있었다. 그런데 이게 웬일인가? 갑자기 먹구름이 몰려오더니 강풍이 불기 시작한다. 순간 우리가 묵고 있던 게르 천막이 덜썩 하더니 난로 연통이 쑥 빠져버렸다. 천막 지붕이 날아갈 듯 강한 바람이 불었다. 나와 임보환 선배는 천막지붕이 날아가지 않도록 돌을 묶어둔 붉은 줄에 본능적으로 매달렸다. 우리는 불안한 마음으로 걱정하는데 정선배님은 흔히 있는 일이라며 곧 잠이 들어버렸다.

그 다음날 눈을 떠보니 어제밤 강풍은 사라지고 고요한 아침이 찾아왔다. 세수를 하러 밖에 나와 보니 정선배님과 임선배님은 이미 세면을 마치고 여기 날아간 게르를 보라며 손짓했다. 우리 옆에 있던 게르 2개가 어제

밤 강풍에 지붕이 날아갔고 벽은 무너져 있었다. '정말 순간적 돌풍이 이렇게 힘이 세구나 어제밤 우리 게르도 날아갈 수 있었는데…' 살아 있음에 감사했다.

토요일 아침 7시 제208회 유비나비 모임을 어기노르 게르에서 시작했다. 두 분 선배님들의 단무지 정신이 놀라웠다. 이런 순간에도 정해진 시간에 삶을 나누고 책을 읽는 모습이 아주 인상적이었다. 단순, 무식, 지속하는 단무지 정신은 우리 몽골 유비나비의 큰 원동력이다. '공부해서 남을 주자'라는 책박수와 함께 우리는 호수 옆 게르에서 나비 모임을 마치고 사진을 찍었다. 이런 책읽는 나비 모임이 5,000개 몽골에 생긴다면 정말 그 힘은 대단할 것이다. 우리 부부가 돕고 있는 날라흐 마을에도 단무지 정신과 공부해서 남을 주자라는 정신으로 무장된 사람들이 많이 일어나길 기대해 본다.

여유로운 시간을 위한 시간 경영

내 책장에는 젊은 시절 동양인의 삶의 지혜를 알게 한 임어당 전집이 꽂혀있다. 인간은 성실하고 열심히 일한다. 그러나 아름다운 인생을 맛보는 때는 결코 사무실에 있을 때가 아니라 모래 위에 벌렁 누워있을 때라 한다. 현대인들은 직장에서 쉴 틈 없도록 꽉 짜인 일정에 따라 일을 한다. 그러나 가족과 더 많은 시간을 갖고 여유 있는 생활을 할 때 능률과 만족도가 높아진다고 믿는다.

하지만 강규형 대표가 쓴《성과를 지배하는 바인더의 힘》에서는 다르게 이야기 한다. 매일 일정을 세세히 계획하고 실행한 것을 확인하는 사람이 사회에서 크게 성공한다고 한다. 사례를 보았지만 의문이 생겼다. 계획된 일정에 따라 정확하게 실행하는 기계적인 하루를 살아가는데 어떻게 인생을 즐기며 큰 성공을 할 수 있을까? 부정적인 생각이 들었다.

하지만 직접 바인더를 작성하고 적용한 후에 해답을 얻을 수 있었다. 일정을 적고 확인하는 것이 자신을 얽어매는 멍에가 아니며 오히려 여유로운 시간을 얻기 위한 시간 경영이었다. 일을 연간계획, 월간계획, 주간계획, 하루 일정을 꼼꼼히 연결하여 실행할 때 단기적인 일의 결과에 좌우되지 않으며 여유있게 일하며 계획된 쉼도 얻는다.

'수고하고 무거운 짐 진 자들아 다 내게로 오라 내가 너희를 쉬게 하리라 내 멍에는 쉽고 내 짐은 가벼움이라 하시니라 (마11:28-30)' 가벼운 내 짐과 같은 철저한 시간 경영으로 소명을 다할 때 오히려 말씀을 더 많이 읽고 더 많은 경건의 시간도 가질 수 있었다. 계획을 따를 때 교회 사역자도 만나고 교우들도 만나는 약속을 놓치지 않으며 건강을 위해 등산할 시간도 얻는다. 바인더를 통해 시간 경영을 함으로 내 마음이 쉼을 얻고 만족도도 더 커졌다.

싱글맘 자녀의
작은 도서관

배워서 남을 주자

창밖 평지는 바람이 불 때마다 시베리아 들판 같이 하얀 눈보라를 일으킨다. 영하 30도, 격리와 은둔의 계절이다. 희망 없어 보이는 이때에도 책을 읽으며 새로운 일을 할 수 있게 되었다. 독서 모임을 소개받고 몹시 추운 새벽에 모자와 외투로 무장하고 간 곳이 몽골 유비 나비 독서 모임이었다. 전용덕 선배님이 운영하는 빈트리 카페에 모여서 모임을 시작할 때마다 '배워서 남을 주자'는 구호를 외쳤다. 책을 읽는 목표가 남에게 봉사하는 것이었다. 평소에 나는 전공 서적 외에는 책을 많이 읽지 못했다. 이제는 자기 계발과 역사와 인문 서적을 일주일에 한두 권 읽고 독후감을 나눈다.

모임의 진행 방식은 간단한 약자로 제시된다. '본깨적'이라는 용어는 책에서 본 것과 깨달은 것을 나누고 자신이 적용할 수 있는 부분을 제시하는 것이다. 만약 책을 읽지 못했을 때는 듣깨적을 한다. 이것은 다른 회원의 발표를 듣고 깨달은 것을 적용하는 것이다. 한 달에 2번은 회원 중에 선정된 도서를 요약해서 심도 있게 발표한다. 내가 발표한 "지리의 힘"을 통해 왜 러시아는 해상 루트인 크림반도가 필요한 지 알게 되었다. 러시아-우크라이나 전쟁의 동기가 무엇인지 이해하게 되었다. 지리적으로 해양길이 없는 몽골은 대륙 실크로드로 동서양에 걸친 대제국을 이루었다. 이제 몽골이 복음화되면 대륙의 길로 주의 복음을 대륙에 넓게 펼치는 복음의 대제국이 될 수 있다.

'칭기즈칸' 본깨적을 통한 몽골 비전

몽골을 이해하려고 칭기즈칸을 읽었다. 칭기즈가 이름이고 칸은 황제라는 뜻이다. 칭기즈칸이 9살 때 아버지 예수게이가 타타르족에 의해 독살되었다. 적들의 공격으로 생사의 갈림길에서도 강인한 민족정신으로 어려움을 극복하고 몽골 제국의 태조가 되었다. 인생의 역경은 계속해서 일어났다. 아내 보르테는 메르키트족에게 납치되었다가 돌아왔다. 임신 되어 돌아와서 아들인 주치를 낳았지만 그를 장자로 인정하는 관용이 그에게 있었다. 셋째 아들인 오고타이가 이어서 황제가 되어 이후에 원나라가 된다. 칭기즈칸은 어릴 때부터 당한 고난과 투쟁의 역사를 통해 포용력과 강인함을 겸비한 지도자가 되었다. 동서양을 통치하는 몽골 제국을 세운 칭기즈칸에 대한 몽골인들의 자부심이 특별하다. 공항도 칭기즈칸 공항이고 도시 한 복판의 광장에도 칭기즈칸 동상이 있고 좋은 상품의 명칭도 칭기즈칸이다.

하지만 보이는 것과 달리 긴 세월 동안 외국의 지배를 받아오며 대국이었던 자부심이 가난과 핍박으로 점점 약해지고 있다. 몽골이 역사적으로 새로운 부흥을 일으키기 위해서 몽골의 위대함을 새로운 세대가 계승하기를 소망해 본다.

몽골 유비 나비 독서모임에는 한국인 뿐 아니라 몽골 청년들이 참여하고 있다. 필자에게 통역으로 도움을 주는 청년은 몽골 젊은이들과 함께 정의로운 사회를 세우기 위한 모임을 한다. 자체적으로 모금하여 장소를 마련하고 독서를 하고 있다. 나도 그들과 함께 5,000나비 책모임으로 확대할 계획을 갖는다. 이것이 부흥하는 몽골 민족이 되는 길이다. 이 일에 동참하며 일조하고 있음에 뿌듯함을 느낀다.

도서관에서 싱글맘 사역

한국의 싱글맘 모임 단체인 다비다자매회의 사무총장을 만나서 교제하며 몽골의 싱글맘의 삶에 관심을 두게 되었다. 몽골 젊은이 중에는 일찍 결혼하여 아이를 낳지만 엄마 혼자 어린 자녀를 키우는 사람이 많다. 비록 가정이 깨져도 자녀에 대한 사랑은 크기 때문에 자녀를 돌볼 사람이 없으면 싱글맘은 직장을 갖지 못한다. 정부 지원 만으로 어린 자녀를 양육하는 싱글맘은 가난하고 사회적인 약자가 될 수 밖에 없다. 이들을 도울 방법을 찾았다. 나비모임과 작은 도서관 사서 교육에 참여하는 몽골 목사님과 협력하여 싱글맘 자녀 돌봄을 시작했다. 날라흐라는 시골에 작은 게르 도서관을 운영하고 있는데 그곳에서 싱글맘 자녀들을 방과 후에 돌보는 일을 한다. 청년을 세워 자녀들의 학교 숙제도 돕고 도서관의 책을 읽고 나눔도 한다. 아이들이 도서관에서 위인전도 읽고 하나님 말씀도 공부한다. 몽골을 세운 위인처럼 자라나길 소망한다. 또한 성경의 아브라함과 모세와 요셉처럼 믿음의 사람이 되어주길 나는 꿈꾼다. 함께 싱글맘 사역을 돕는 청년들이 나비독서 모임과 봉사를 통하여 행복한 가정, 건전한 가정을 이루는 새로운 몽골 문화를 만들어 가기를 소망한다.

chapter 4

★

파란 하늘
푸른 초원 몽골

김수용　중학교 신입생 때 담임 국어 선생님께서 글쓰기를 잘하려면 신문 사설을 읽어야 한다는 말씀에 소년 조선일보를 보며 타문화 체험을 동경하게 되었다. 그리고 지난 반세기 동안 바닷길과 하늘길, 그리고 광활한 시베리아 횡단 철길과 몽골 초원을 달리며 80여 개국 이상을 방문하며 체험하였다. 그중 10년은 60여 개국에서 모인 젊은 기독교 봉사자들의 공동체인 교육도서 전시선으로 잘 알려진 오엠 국제선교선 둘로스(독일 자선단체 GBA: Good Book for All)와 로고스2(영국 자선단체 EBE: Educational Book Exhibition)에서 항해 전문사역자로 봉사하였다. 정식 월 기본급은 영국 화폐로 1파운드였다. 지금은 몽골국제대학교에서 예수님의 성품을 닮아가는 섬김의 미래 지도자 세우기에 힘쓴다.

최대의 위기,
최고의 기회가 되다!

　필자는 모태 신앙으로 태어났다. 모친께서 셋째 딸을 낳고 태반이 나오지 않았는데 이웃 권사님께서 찾아오셔서 민간요법을 조언해 주심으로 위로와 치료를 받고 가까운 교회(전북 익산군 성당면 두동교회)에 출석하게 되셨다. 지난 약 500여 년 이상 이곳에 자리 잡고 살아온 김가(본관: 선산) 집안에서 처음으로 예수를 믿었다. 이런 환경에서 자란 필자는 선택의 여지도 없이 교회를 다니고 있었다. 그러나 고등학교 3년이 될 때까지 성경이 읽히지 않았다.

　그런데 필자에게 절박한 사건이 생겼다. 보건소에서 건강 검진을 받았는데, 폐에 이상이 있다며 스트렙토마이신 주사약과 세 가지 종류의 복용 약을 주었다. 약은 식후 먹으면 되는데, 주사를 놓아줄 사람이 주변에 없어 가까운 읍내 의원을 찾아갔다. 접수처에서 주사약을 확인하더니 부작용이 나면 책임질 수 없다고 하였다. 그해 1월 추운 십 리 들녘 길을 걸어 돌아오는데 필자의 인생이 병원에서조차 받아 주지 않는 길가에 버려진 쓰레기 같았다. 당시에는 결핵으로 필자의 작은 숙부님을 비롯하여 많은 마을 사람들이 목숨을 잃었다. 집에 돌아오니 소문을 들은 친지들이 방안에서 걱정하고 있었다. 염려를 끼쳐 죄송하였지만, 그분들의 모든 위로가 마음에 닿지 않았다.

그러던 차에 마침 출석하던 교회에서 매년 농촌 농한기에 한 주간씩 열리는 연례 부흥회가 있었다. 월요일 오전부터 금요일 새벽까지 새벽, 오전, 오후, 저녁, 철야 예배에 모두 참석했다. 그러던 목요일 저녁에 마가복음 10장 46~52절의 눈먼 사람 바디매오의 눈 뜬 기적에 대해 설교하셨다. 절망 가운데 있던 필자는 예수님께서 바디매오의 간청을 들으시고 찾아오셔서 눈을 뜨게 해 주셨다는 설교에, 이런 예수님이 함께 해주신다면 죽음도 두렵지 않다는 참 평안과 기쁨이 임했다.

또 익산 보건소에서는 19세 어린 사람이 안 됐다며 재검을 해보자고 하였다. 그리고 며칠 후에 결과를 보러 오라 했다. 그 결과를 보러 갈 때는 부흥회 때와 다르게 마음이 매우 긴장되고 초조했다. 결과는 하나님의 은혜로 흔적 없이 깨끗했다. 그전에 받은 약들은 한 알도 먹을 필요가 없게 되었다. 미약한 자의 기도를 응답해 주신 하나님의 은혜가 무한 감사했다. 그때부터 필자는 기도의 응답을 확신하게 되어 기도하는 신앙인이 되었다. 이 참 감사를 주체할 수 없어 뒷산 나무들에게 간증했다. 그래도 마음이 시원치 않았다. 당시 중등부 부장님께 간증을 나눌 기회를 요청하여 헌신 예배에서 하나님의 사랑과 은혜를 나누었다. 그 후 1년간은 자진하여 지역 친구들을 매주 찾아가 전도하고 모든 교회 봉사에 힘썼다. 그리고 임마누엘 하나님께서 계획하시고 인도하시는 새로운 여정을 위해 믿음의 조상 아브람처럼(창 12:1-3) 이듬해 고향을 떠났다.

청년들아, 과감히 도전하라!

내가 평생을 몸담고 사역한 오엠 국제선교회는 Logos, Doulos, Logos II, Logos Hope, Doulos Hope 등 다섯 척의 국제여객선급 선교 선을 지난 1970년 이래 50년 이상 운항해오고 있다. 원래 국제오엠이 선교선을 운항하게 된 목적은 인도 선교와 지도자 훈련이었다. 죠지버워George Verwer, 데일로톤Dale Rhoton, 월터보차르Walter Borchard 3명의 미국 대학생들이 1957년 여름 방학을 맞아 시카고에서 멕시코 단기 선교를 시작으로 태동한 오엠 국제선교회Operation Mobilization는 1963-4년부터 청년대학생 선교 동원을 위한 러브유럽과 공산권, 회교권, 인도 힌두교권 선교로 확장되어 나갔다. 영문 이름 Operation Mobilization은 동원과 작전이라는 의미의 군사 용어다.

오엠 국제선교선 운항 전에는 인도 선교를 위해서 많은 양의 기독교문서와 사역자들의 이동을 트럭과 낡은 승합차로 감당하였다. 여기에는 위험과 어려움이 많았다. 그래서 선박이 있으면 대량의 기독교문서와 사람이 함께 승선해 이동하고 인도 현지 지도자들을 효과적으로 훈련할 수 있는 강의실과 숙소를 해결할 수 있어 기도를 시작했다. 그리고 1970년 덴마크에서 건조된 2,300t 국제여객선급 선박을 구입하여 Logos 헬라어: 말씀로 명명하였다. 또 1978년에는 이탈리아 프랑카 씨Franca C 여객선사로부터 영화로 유명한 타이타닉 보다 2년 늦은 1914년 미국 뉴포트에서 건조된 Doulos 헬라어: 종를 구입 개조하여 운행하였다. 1995년 여름 필자는 Logos II 부선장으로 코펜하겐 항구에 입항하여 1970년 당시 배를 직접 오엠에 매매한 분의 간증을 들었다.

어느 날 자기 사무실에 젊은 청년들이 찾아왔다. 그리고 그들은 매물로

나온 선박의 가격을 물었다고 한다. 그리고 얼마 지나 그 청년들이 다시 찾아와, 그 선가(당시 7만 영국 파운드)를 지불하고 인수해 갔다고 했다. 그는 선박에 전문성이 전혀 없는 젊은 청년들이 어떻게 운영하려고 하는지 염려가 되었다고 했다. 그런데 나중에 들으니 자기가 생각한 것보다 훨씬 훌륭하게 배를 운용하고 있다는 소식을 듣게 되었다고 했다.

오엠 국제선교선 50년 역사가 실증하는 유비나비 5,000운동!

이 오엠 국제선교선은 종교 이념과 관계없이 세계 많은 나라에서 환영받는다. 약 5,000종류 이상의 다양한 기독교 신앙, 교육, 교양, 전문 서적을 개발 국가 현지 화폐로 공급한다. 그리고 각계각층의 지도자들을 초청해 세미나를 개최하며 사회 교육 개발에 힘써 왔다.

예를 들어 1982년 영국과 아르헨티나가 포클랜드 전쟁을 벌일 때다. 영국 청년들이 승선하고 있던 로고스가 아르헨티나를 방문하려 하자 비자를 거부했다. 동승한 아르헨티나 형제들이 자기 정부에 탄원하여 입국 허가를 받았다. 그리고 기독교를 탄압하던 중국 공산당 정부도 상해 입항을 허락하고 준비해간 양질의 도서를 처음 한 트럭 선물했더니, 마지못해 받아 가는 듯하였다. 그런데 양질의 대학교육 교재와 전문 서적인 것을 확인하고 오히려 나중에는 더 줄 수 없느냐고 하였다. 그래서 가져갈 수 있는 대로 준비하라고 했더니 트럭 7~8대를 가져와 받아갔다.(당시 오엠국제선교선 대사Peter Colan). 공식적인 기독교 인구가 없다고 보고되는 사우디아라비아, 인도양의 몰디브 섬나라에도 방문했다. 특별히 금번 2022 월드컵을 개최한 카타르 방문에서는 오엠 선교선 둘로스가 방문했다. 당시 카타르 문화관광부 장관이 방문하여 술과 담배를 하지 않는 세계 각국에서 온 청년들을 보며, 카타르 청년들이 모두 방문하여 본받아야 한다고 극찬하였단다.

이렇게 책은 모든 나라의 각기 다른 이념과 체제를 넘어 환영을 받는다는 사실을 50년 이상의 오엠 국제선교선 역사를 통해 확신했다. 그러니 독서모임과 작은 도서관 운동으로 몽골을 깨우고 복음도 전할 수 있다는 것은 훌륭한 사역의 방향이라 할 수 있다. 이것이 몽골 유비나비 5,000운동에 미약하지만 뜻을 함께하며 기쁨으로 동역하는 이유다.

칭기즈칸,
신 앞에 평등한 제국을 꿈꾸다

바다의 선원들이나 초원의 유목민들은 거칠고 위험한 자연환경에서 살아가야 하는 유사점이 있다. 그래서 늘 언제 바뀔지 모르는 자연환경에 대한 위기의식에서 공동체는 정보 교환이 필수이다. 바다에서는 매년 발간되는 천측력을 통해 약 63~65개 별자리의 고도와 방향을 계산해 천측 항해에 사용한다. 천측 항해를 통해 배운 결론은 하나님의 천지 창조는 매우 정확하고 정교하게 운영됨이 설명할 수 없는 신묘막측(시편139:14 Fearfully and Wonderfully Made NIV)하다는 필자의 견해다. 마찬가지로 광활한 몽골 초원의 유목민들도 별자리를 통해 방향을 식별하는 것 같다. 그리고 위험한 자연과 더불어 생업에 종사하는 어부들이 풍어제를 올리고 안전을 기원하는 것처럼, 몽골 초원과 산, 강변에는 가는 곳마다 신에게 드리는 돌무더기와 오색 헝겊 천들이 달려 있다.

필자는 몽골 제국을 세운 칭기즈칸을 용맹한 무사 장군보다는 다윗과 같은 영적 지도자로 보고 싶다. 2020년 2월 비자 여행을 마치고 귀몽하는 비행기 좌석에 꽂힌 미아트MIAT 몽골 항공사 월간 잡지를 보다가 신임 주몽 미국대사의 글을 읽었다. 그는 러시아, 폴란드, 카작스탄 대사를 거쳐 몽골에 온 베타랑 미국 외교관이었다. 그가 몽골을 이해하는데 잭 워더포드Jack Weatherford의 책들이 많은 도움을 주었다고 했다. 그래서 필자도 그의 저서들을 읽기 시작했다.

그는 칭기즈칸이 대 원정을 나갈 때는 3일씩 산에 올라가 금식하며 기도하고 내려와 자기가 받은 신의 영감을 동료들과 공유했다고 한다. 그런 면에서 그는 초월적인 분이 항상 자연을 운영하시고 주장하시고 계심을 믿는 자였다. 그리고 정복한 지역에서는 그들의 종교를 개인의 자유 선택으로 맡겼다. 한편으로는 각 종교 지도자들을 모아 놓고 그들의 의견을 경청해 주었다(《칭기즈칸, 신 앞에 평등한 제국을 꿈꾸다Genghis Khan and The Quest for God》, 잭 웨더포드Jack Weatherford 지음, 이종인 옮김). 몽골 제국의 쿠빌라이 칸은 중국을 지배하며 제일 먼저 남송의 운하를 입수해 해상 실크로드 선단을 운영했다. 미국 독립선언문 작성을 주도적으로 이끈 토마스 제퍼슨은 프랑스 미국 외교관 시절 읽은 칭기즈칸의 종교 자유 정책에서 깊은 영감을 받았다고 한다. 현재 진행 중인 중국 시진핑의 비전 일대일로 프로젝트는 이미 몽골 제국이 실현했던 복사본이라 하겠다.

하나님께서 허락하신 새로운 대륙 몽골로!

2016년 2월부터 한국에서 약 3년간을 재충전과 성경공부, 2010년에 입문한 교육 과정을 마치는 데 전념하였다. 또 지난 20년 동안 중보기도와 후원으로 함께 해주신 분들에게 이 지면을 빌어 감사를 전하고 싶다. 피스비 전공동체(이사장 정광덕 ㈜영사이언스 대표)는 후원 단체를 조직해 주셨고, 또한 파송식을 준비해 주셨다. 예수향남교회(정갑신 목사)는 우리 부부의 든든한 파송교회가 되어 주셨다. 우리가 평생 몸담았던 한국오엠(대표 조은태 목사)은 몽골 사역 계획을 축복해 주었다.

3년간을 몽골 사역을 준비하며, 가장 염려되는 것은 몽골의 혹독한 기후였다. 매일 한국과 몽골 기온을 비교하니 평균적으로 섭씨 20도가 낮았다. 즉 한국이 섭씨 0도면, 몽골은 −20도였다. 이제 머리로는 온도 차이를 알지만 60대에 접어든 신체는 어떤 반응이 나타날지는 또 모를 일이었다.

이런 나에게 2019년 11월부터 임보환 선배님의 권유로 참여한 몽골유비나비 독서 모임 선배님들이 다양한 경험을 나누어 주었다. 임보환 선배님은 스테이크를 좋아하는 나에게 몽골에 오면 스테이크를 원도 한도 없이 먹을 수 있다고 하였다. 스테이크를 좋아하는 나는 이 말에 마음이 솔깃하기도 했다. 먹거리는 안심이 되었지만 추위에 약한 필자는 겨울을 버티기 위해 전 재산을 투자해서라도 따뜻한 외투를 준비해야 한다고 결론을 내렸다. 그리고 새끼 양털로 특별 주문한 외투(몽골 전통 의상 '델')에 거금을 투자(한화 80만 원) 하였다. 유비나비 선배님들이 소개한 분에게 맞추었다. 그런데 문제는 안에 넣은 새끼 양털이 시골에서 직구입해 온 것으로 털이 술술 빠져나왔다. 위생과 미관상 좋지 않게 보여 한국인이 운영하는 세탁소에서 드라이클리닝을 했다. 그래도 털이 빠지기에, 걷기 운동할 때만 털이 밖으로 나오도록 뒤집어 입었다. 그랬더니 어떤 사람은 친절하게 다가와서 속과 겉이 바뀌었다고 알려줬다. 어느 날은 털이 덜 달라붙는 옷을 입고 정상적으로 입어보았다. 그런데 양털이 안으로 들어가니 보기는 좋은데 털로 인해 공간이 생겨 덜 따뜻했다. 다시 생각하기를 하나님께서 동물 털이 밖으로 나오게 함이 더 동물들을 따뜻하게 보호하시는 디자인이라는 것을 깨달았다. 추운 겨울에도 축사 없이 가축 떼를 방목하는 유목민들이 동물을 학대한다고 나는 생각했다. 지금은 이러한 추위에도 견딜 수 있는 털과 지방층을 가축들에게 허락하신 하나님의 창조를 찬양한다. 그러므로 사람의 좋은 방법보다 하나님의 뜻을 구하고 창조 질서에 순응하는 우리의 삶이 가장 지혜롭고 복된 삶이라는 교훈을 알게 되었다. 선하신 하나님은 변함없으신 모든 하나님의 약속으로 오늘도 함께 해주시고 주님 뵙는 그 날까지 우리를 인도해 주실 것을 나는 믿는다.

잊지 못할
테를지 리조트 단무지 캠프

나는 20여 년 동안 전문 직업 선원으로서 배를 타고 다니면서 세계 곳곳에서 많은 사람들을 만났다. 특별히 책이라고 하는 매개체를 통해서 공산권과 남미권, 아시아, 유럽 전역에 기독교의 복음과 세계관을 기록한 책을 전달하는 일을 했다. 이제 나는 인생의 가을로 접어들었다. 바다가 주무대 였던 우리 부부가 바다가 없는 내륙국가 몽골에서 사역하고 있다. 지금까지 살아왔던 환경과 180도 다른 새로운 환경에 나는 도전한 것이다.

누군가 말했다. 인생은 모험이라고. 나는 새로운 환경 몽골에 살기로 선택하고 도전했다. 이 도전에는 두려움도 있었지만 기대감도 아주 컸다. 하지만 우리 부부는 몽골에 와서 살면서 많이 외로웠다. 그래서 우리와 함께 교제할 분들이 꼭 필요했다. "동기 사랑은 나라 사랑"이라고 했던가. 임보환 선배님은 장로회 신학대학원 동기신데 나에게 계속해서 선한 영향력을 끼쳤다. 함께 토요일 아침마다 있는 몽골유비나비 모임에 가자고 독려했다. 영하 30도의 추운 아침에 일어나 자전거를 타고 모임 장소에 나가야 했다. 추위에 약한 나는 솔직히 용기가 생기지 않았다. 하지만 임 선배님의 끈질긴 인도로 나는 아침 나비책모임에 나가기 시작했다. 책만 나누는 것이 아니라, 일주일간 살아온 삶도 함께 나누면서 느슨해지기 쉬운 나의 삶에 긴장감이 생겼다. 어려운 몽골 환경 속에서도 아침을 깨우며 바쁜 시간들을 쪼개어 가며 책을 읽는 선배님들의 모습에서 진정성이 느껴졌다.

그러던 중 일 년에 한번 6월에 테를지 국립공원에서 단무지 캠프가 열린다는 말을 정홍재 선배님으로부터 듣게 되었다. 하루 종일 책을 읽고 밥 먹고 토론하는 단순한 캠프라고 하셨다. 우리 부부는 한번 용기를 내어 다른 선배님들과 교제도 할 겸 단무지 캠프에 참석하기로 했다.

김수용 선배님 20년 바다 위에서
산 이야기를 들려주세요

2020년 6월 테를지 리조트에서 단무지 캠프가 열렸다. 단무지 캠프는 "단순, 무식, 지속"의 앞자리를 따서 만든 이름이다. 정홍재 회장님의 인도로 함께 기타에 맞춰 단무지 노래를 부르는 것으로 캠프는 시작된다. "단무지 단무지 단무지 단무지 단무지 단무지 해. 공부해서 남을 주자 공부 공부해." 아주 단순한 가사에 단순한 멜로디인데 파워풀 했다. 남녀 선배님들이 화음을 맞추어 노래를 부르는데 천상의 소리를 듣는 듯 했다. 우리 부부는 즐거운 단무지 송을 부르며 자연스럽게 책읽기에 들어갔다.

단무지 캠프에 들어가기 전 주최 측에서 한 가지 사항을 나에게 부탁을 해왔다. "우리는 몽골에서 10-30년 사역을 했습니다. 김수용 선배님은 바다에서 20여년을 사역하셨으니 바다 이야기로 특강을 한 번 해주십시오." 라는 부탁이었다. 나는 흔쾌히 승낙했고, 나의 경험을 나누기로 했다. 나는 고무풍선으로 만든 큰 지구본과 강의안을 준비했다.

저녁 식사를 하고 유비나비 선배님들이 모두 식당에 모여들었다. 그런데 내가 준비한 지구본에 바람을 미리 넣어두지 못해서 풍선에 바람을 불랴 강의하랴 정신이 없었다. 하지만 배우려는 마음으로 충만한 유비나비 선배님들은 나의 강의를 경청해주셨다. 나의 강의의 핵심은 이것이었다. 지금 지구 온난화를 통해 북극에 얼음이 녹고 있다. 얼음이 녹게 되면 러시아는 부동항을 얻게 되고, 북극해를 통하여 유럽과 미국, 아시아로 뻗어 나가게 될 것이고, 몽골은 러시아와 친하기 때문에 몽골도 북극항로 접근이 쉬워져 다른 나라와 관계를 맺을 수 있는 북극길이 열릴 것이라는 내용이었다. 나

나는 고무풍선으로 만든
큰 지구본으로 2030년부터
상용화될 북극항로를
소개했다.

의 강의에 많은 선배님들은 흥미로워 하셨다. 지구온난화가 가시화되고 있
는 지금 몽골은 점점 한국처럼 날씨가 따뜻하게 변해가고 있다. 겨울도 앞
뒤 한 달씩 줄어들고 있는 형편이라 큰 관심을 보여주셨던 것이다.

　단무지 캠프를 통해서 우리 부부는 좋은 선배님들과 행복한 추억을 만들
었다. 이런 독서 토론 모임이 몽골에 계속 만들어 지면 좋겠다. 5,000개정도
의 독서모임이 몽골에 생긴다면 몽골은 조용히 그러나 강력한 변화를 경험
하게 될 것이다. 나는 '공부해서 남을 주자'라는 이 구호가 참 마음에 든다.
하나님 나라의 정신, 섬김의 마음이 담겨져 있기 때문이다. 함께 모여 삶과
책을 나누는 몽골 유비 나비 모임이 나비효과처럼 조용히 강력하게 몽골에
퍼져 나가기를 기대해 본다.

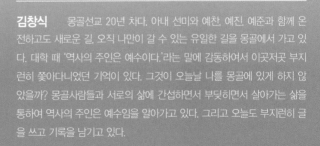

chapter 5

만남이
인생이다

김창식   몽골선교 20년 차다. 아내 선미와 예찬, 예진, 예준과 함께 온전하고도 새로운 길, 오직 나만이 갈 수 있는 유일한 길을 몽골에서 가고 있다. 대학 때 '역사의 주인은 예수이다.'라는 말에 감동하여서 이곳저곳 부지런히 쫓아다니었던 기억이 있다. 그것이 오늘날 나를 몽골에 있게 하지 않았을까? 몽골사람들과 서로의 삶에 간섭하면서 부딪히면서 살아가는 삶을 통하여 역사의 주인은 예수임을 알아가고 있다. 그리고 오늘도 부지런히 글을 쓰고 기록을 남기고 있다.

인생이
만남이다

  인생은 만남이다. 사람들은 만남을 통해서 만들어지고 다듬어진다. 부모님을 만나서 사랑과 기대를 듬뿍 받았다. 동생들을 만나서 든든하면서도 신념의 길을 가는 사람으로 만들어졌다. 학교에서 친구들을 만나고 스승님들을 만나면서 착한 마음과 여유롭고 성실한 사람으로 불리어졌다. 가끔은 생각해본다. 내가 다른 사람들을 만났으면 어떤 모습으로 만들어졌을까? 지금의 나와 다른 모습일까? 만남이 때로는 기쁨을 주기도 했고 좌절을 맛보게도 하였으며 감사와 후회가 겹치는 만남이었지만 오늘도 나는 만남이라는 과정을 통하여 만들어지고 다른 이들과 만남을 지속하면서 다듬어져 가고 있다.

  지난 몽골의 삶속에서 기억에 남는 몇 순간들이 있지만 기쁨을 주면서도 안타까움으로 숙연해지는 만남이 있다. 1990년 몽골이 민주주의로 전환되어지면서 많은 선교사들이 몽골을 품고 들어왔다. 10년의 혹독한 체제전환의 신고식을 치르는 기간인 2000년 초에 몽골 땅을 밟았다. 늦은 오후에 울란바타르 공항에 도착하여 시내를 들어오는 때가 눈에 선하다. 한산한 거리와 적은 수의 차들 그리고 거리를 밝게 비치지 않고 약간은 어둠침침하게 비치는 모습에 텔레비전에서 보던 평양의 거리등이 생각이 나서 등골이 서늘했던 일이 생각이 난다. '아니 왜 이렇게 어둠컴컴하고 칙칙하냐? 이곳에서 살 것을 생각하니 마음 깊숙한 곳에 한숨이 나왔던 것이다'.

1990년에 몽골은 체제를 전환하였지만 지난 10년간 몽골은 혼돈과 실수와 배움을 지속하는 시간이었다. 언어훈련을 마친 후 야심차게 도시선교를 해야겠다는 마음으로 도시동쪽인 10구역에 자리를 잡았다. 단독형태의 2층 건물에서 1층을 빌려 사무실과 예배실을 꾸며 학생들을 불러 모았다. 교회가 자리를 잡아갈 때 나이 드신 노부부가 들어왔다. 남편은 공무원으로 은퇴하고, 아내는 의사로 은퇴하신 분들이었다. 다른 교회를 맛보고 오신 분위기였다. 오랜 기간 그들과 함께 신앙의 길을 갔다.

그들은 기쁨도 주고 좌절을 맛보게도 해 주었으며 내가 몽골에서 살아가는 의미를 깨닫게도 해 준 귀한 분들이다. 아직도 그들의 모습이 눈에 선한 것을 보면 그들과의 만남이 지금의 나를 만들어가는 한 부분을 감당하지 않았을까를 생각해 본다.

할아버지는 자존심이 강한 분이셨다. 할머니는 그런 할아버지를 달래고 책망하면서도 챙기는 분이셨다. 교회에 오시면 우리 아이들이 바로 할아버지, 할머니에게 달려간다. 그리고 그 앞에서 순한 양처럼 눈을 크게 뜨고 할아버지, 할머니를 바라본다. 아이들이 할머니가 주시는 막대기 사탕을 기다리는 것이다. 아침에 졸리어 교회 가는 것이 싫다고 짜증부리고, 서로 다투었음에도 그 시간만큼은 함께 진지하고 애처로운 모습으로 할아버지, 할머니 앞에서 서 있었다. 아이들을 보면서 할아버지, 할머니, 우리 모두가 함께 웃으며 기뻐하던 모습이 눈에 선하다. 할아버지, 할머니는 기쁜 마음으로 막대기 사탕을 주시고, 아이들에게 뽀뽀를 받으시면서 얼굴 가득히 기쁨이 넘치던 모습들이 지금도 생각이 난다.

금요기도회 때 할아버지, 할머니 두 분만 모시고 예배를 드리던 때도 많았다. 그들은 나이가 드셔서 귀가 잘 들리지도 않으셨지만 열심히 내 설교를 들으셨다. 내가 몽골어가 서툴러서 때로는 나 스스로도 이해 못하는 말인데 그들은 알아들으셨는지 열심히 끄덕이셨다. 아마도 먼 이국에 와서 혼자 소리지르는 모습이 불쌍하고 안타까우셨던 것 같다. 따뜻한 그들의 마음, 나를 존경하고 인정해주는 태도는 내게는 잊지 못할 선물이다.

단기 팀이 와서 할아버지, 할머니 집에 심방을 갔다. 두 분만 사시는 집은 쓸쓸했다. 자녀들은 장성했지만 교류가 없었던 것 같다. 할아버지는 첫 장가이셨고 할머니는 재혼이셨다. 할머니에게만 자식이 있었는데 강퍅한 할아버지 때문에 서로가 교류가 없었다. 그래서 노년에 두 분이 쓸쓸히 지내고 계시었던 것이다. 단기 팀 식구들도 처음 뵌 어른들, 집이 풍기는 쓸쓸한 모습에 약간 당황했던 것 같았다. 그러나 할머니가 풀어 놓은 간증에 우리의 마음이 녹았고 우리는 감격과 감사로 그 집을 나왔다.

할머니는 할아버지가 중풍으로 누워 병원에서 입원하셨을 때 예수님의 음성을 들은 이야기를 나누어주시었다. 병상에 외로이 누워 있는 할아버지를 보면서 눈물과 절망에 사로잡혀 있을 때 '걱정마라'는 음성을 세 번이나 들으셨다고 한다. 처음에는 누가 옆에 있다고 생각하여 주위를 둘러보았으나 아무도 없었기에 자기가 잘못 들었다고 생각했다고 한다. 곧 두 번째로 '걱정마라'는 음성을 듣고 신기해하면서 약간은 두려움이 들었다고 한다. 그러나 다시 '걱정마라'는 음성을 들었을 때는 자기를 위로하시고 격려하시는 예수님이라는 것을 깨닫게 되었고 감사와 안도를 가지게 되었다는 것이다. 눈물을 흘리며 간증하며 예수님을 찬양하고 높이는 소리에 우리 모두의 마음은 신기함과 감사, 기쁨이 넘치었다.

하늘이 빙빙 돌 때

몽골초기에 만났던 노부부의 따뜻함, 존경은 만나는 사람들에게 기쁨과 평안을 주려는 나의 삶과 사역에 영향을 주었다. 20년이 지난 지금도 두 분의 모습이 뚜렷한 것을 보면 나의 삶에 많은 영향을 미치고 계신 것 같다. 그분들에게서 몽골에서의 사역에 대한 빛을 보았다면 오병이어 선교회와의 만남에서는 위로와 격려의 손길을 느끼었다. 8년의 사역에 접어들 즈음에 육체적으로, 정신적으로 탈진이 왔다. 어느 날 사무실에 서 있다가 하늘이 빙빙 도는 경험을 하였다. 재빨리 책상을 잡고 중심을 잡았기에 다행이었지 주위에 잡을 것이 없었다면 아마도 바닥을 이불삼아 누웠을 것이다.

마침 오병이어 선교회에서 행하는 '전인공동체훈련'에 참여하게 되어 몇 개월간 몽골을 벗어나게 되었다. 아이들과 함께 가족 4명이 훈련 장소에 도착하였는데 새로 구입한 집에서 몇 개월을 지낼 수 있도록 배려해 주시었다. 오병이어도 처음으로 구입한 집이었고 또한 그 집을 처음으로 사용하는 우리들을 위해서 여러 가지 많은 것들을 준비해 주시었다. 결혼 전에 아내가 오병이어 간사로 섬기었었고 많은 분들의 사랑을 받았었는데, 이제 우리 4명을 위해 어머니의 마음으로 준비하고 섬기는 오병이어를 통해 참 많은 힘을 얻고 위로를 받았다.

그들이 준비한 침대보와 이불, 아이들을 위한 물품, 주방과 거실에 비치된 것 등 작은 것 하나에도 신경을 쓰고 마음을 담는 것을 보면서 이들을 통해 내가 혼자가 아님을 느끼게 되었다. 육신의 부모님이 계시다면 이들은 영적인 동지이며 동반자이며 격려자로 늘 서 있는 것이었다. 2개월간에 훈련에 생각나는 내용들은 많지 않다. 그러나 그들의 환대와 격려, 위로는 육체적으로, 영적으로 지쳐 있는 우리 가족에게는 큰 힘이 되어 주었다.

아이들에게는 이모들이 많다. 오병이어 선교회가 주로 여자 영양사들로 구성된 멤버이기 때문이다. 지금은 결혼하여 가정을 가진 사역자들이 많아졌지만 이전에는 결혼하지 않는 싱글들이 많이 있었다. 그래서 아이들은 어릴 때부터 많은 이모들을 가지고 있었다. 그래서 외롭지 않게 어린 시절을 보낼 수 있었다. 설날이 되면 함께 모여서 떡국을 먹고 세배를 드리면서 아이들은 두둑한 용돈을 받았고, 아이들이 아프면 이모들의 손길과 정성을 느끼면서 정서적으로 안정을 받고 힘을 얻었던 기억들이 있다. 어느 한 선교사님은 아이들에게 별명을 지어주었는데 '큰 아들은 대견이고 딸은 대박이고 막내아들은 대성'이다. 그 선교사님은 아이들이 별명대로 장성할 것이라고 예언(?) 하셨지만 아이들 옆에 기대하고 축복하는 사람들이 있다는 것은 참 좋고 기쁜 일이었다.

아내는 결혼하기 전에 오병이어 선교회의 간사로 사역하였다. 오병이어 선교회는 영양사들로 구성된 선교회로서 1994년부터 계속적으로 몽골로 사람들을 파송하였다. 그들은 '영양'이라는 한 부분을 집중적으로 파서 사역의 터를 잡고 확장하는 방식으로 일하였다. 그동안 많은 사람들이 와서 섬기고 갔다. 다른 지역으로 가서 사역하는 사람도 있고 직장을 잡고 결혼하여 가정을 이루는 사람들도 있다. 그러나 그들 모두는 오병이어 선교회에서의 만남을 통하여 아직도 하나님의 꿈을 가지고 그들에게 주신 꿈들을 품으며 살아가고 있다. 오병이어 선교회 간사로 섬기었던 아내와 그들의 만남은 아직도 끈끈하다. '우리 안에는 신뢰가 있다'는 말은 늘 아내에게 듣던 소리이다. 우리가 작은 다툼으로 서로의 마음이 상할 때도 '서로를 향한 신뢰'가 있어서 쉬이 회복되고 돌아온다. 아내는 오병이어에서 '신뢰'의 중요성과 의미를 배웠다. 나는 오병이어를 통하여 만남의 중요성과 소중함, 영향력을 알게 되었다. 오병이어와의 만남은 현재의 나를 만들어 가는 귀한 부분이다.

타는
목마름으로

대학 때부터 어머님이 하시던 말씀 중에서 늘 귓전에 맴도는 것이 있다. '왜 그렇게 공부를 많이 하니?' 한국에서 대학을 세 곳이나 다니며 대학원까지 마치고 몽골에서도 계속 공부하는 내게 하시던 말씀이다. 무엇이 그렇게 배울 것이 많으냐면서 핀잔도 하시지만 기특하게 여기시기도 하신다. 나도 궁금하다. 왜 그렇게 배움에 지치지 않고 계속 쫓아다닐까? 지난 시절에는 잘 몰랐는데 이제는 그 이유를 조금은 알 것 같다. 그리고 자신의 한계도 인정하게 되면서 절제도 조금은 배운 것 같다.

그렇게 배고픔을 채우기 위해 동분서주 할 때 정홍재(UB 나비독서모임 초대회장) 선배와 독서모임을 가지게 되었다. 어떤 이유에서 만남을 가져 독서모임을 시작하게 되었는지 잘 기억이 나지 않지만 우리 둘은 의기투합하였고 야심찬 독서모임을 시작하였다. 처음 몇 번의 모임은 잘 진행이 되었지만 서로의 사역과 스케줄로 만남이 줄어들면서 몇 개월 후에는 자연스럽게 이름만 남은 모임이 되었다.

우리 모임의 돌파구가 필요할 때 우리는 '3p 경연구소'가 몽골에서 주최하는 '독서 세미나'에 참석하게 되었다. 3P 경연구소가 주최하는 세미나 모임에 참여했던 여병무, 강선화 선배가 감동을 받고 3P 경영 연구소를 몽골에 초청한 것이었다. 강소장님의 강의와 안경 쓴 젊고 통통한 젊은 강사의 독서세미나를 통하여 몽골에서도 독서모임이 조직되게 되었다. 그것이 바로 'UB나비 독서모임'이다. 창립멤버로 참여하면서 기쁜 마음으로 '독서 모임'에 참석하게 되었다. 처음 만남부터 우리 모두는 흥분하여 모임을 가진 것이 기억이 난다. 모두가 갈급한 마음이었기 때문이다. 모두가 독서에 재주들이 있지만 결과물이 나오지 않아 삶에 변화가 없어 전전긍긍하고 있었기 때문이었다. 나의 마음은 '타는 목마름'이었다.

정홍재 선배와의 만남도 '갈급'이었다. 우리는 많은 독서를 행했지만 변화와 결과는 너무 적었기 때문이었다. '읽은 것은 많은데 기억에 남는 것은

없다'는 누구의 말처럼 우리도 이것, 저것을 건드려 보았지만 2% 부족한 무엇인가를 찾을 수 없었던 것이었다. 우리들은 책을 나누기 보다는 갈급함을 나누는 것이었고 서로의 갈급함을 해결해 보자는 마음만 앞서는 모습이었다. 우리의 독서모임은 파편화된 지식으로 마음에 당장의 만족함을 주는 모임이었지만 그것은 나무뿌리 깊숙이 들어가는 생명수가 아니라 흙의 표면만 채우는 이슬이었다. 우리들의 고민은 많은 이들이 공감하는 파편화된 지식으로 파편화된 세상을 바라보는 편협화 된 지식이었고 높이 쌓인 벽돌이지만 기초가 튼튼하지 못하여서 적응력과 합리성이 뻣뻣한 지식이었다. 아마도 그러한 지식과 태도가 우리마음의 열정을 갈아먹었고 우리는 그 늪에 빠지어서 시들해지었던 것 같다.

우선 UB나비 독서모임에서 다양한 사람을 만나니 좋았다. 얼굴로만 알았던 사람들의 생각과 방향, 경험 등을 들으니 내 삶이 풍성해지는 것 같았다. 나비모임을 통하여 나는 또 다른 만남을 시작하고 있음을 느끼었다. 나비모임을 통하여 나는 무슨 만남을 이루어가며 그 만남은 나를 어떻게 이끌고 만들어갈까를 생각하면서 토요일마다 기대를 가지며 힘찬 발걸음을 내딛었다.

이론과 실전의 사이에서

몽골에 살면서 늘 고민이 있었다. 현장에 있지만 현장을 헤쳐 나갈 도구가 많지 않았기 때문이었다. 한국에 갈 때마다 아버님과 하는 정기적인 일이 있다. 집 앞에 하천을 따라 걷기운동을 하는 것이다. 오랜 기간 군 생활을 하셨던 분이라 몸 관리를 잘 행하신다. 연세가 많은 지금도 걷기와 자전

거 타기, 압력강화기구, 근육을 늘리는 고무 끈 등을 꾸준히 만지작거리신다. 한 시간 정도 걷기를 하시면서 빼놓지 않고 행하시는 말씀이 있는데 그것은 '군 생활 무용담'이다. 간첩작전에서 활약, 진급을 위한 하사관 훈련에서의 빼어난 실력, 군 생활에서 훈장 등이다. 아버지의 이야기를 들으면서 내가 많이 아버지를 닮았다는 생각을 종종 행하고 했다. 6·25 피난으로 형님과 단 둘이 남하를 하셨기에 배운 것 없고, 가진 것 없고, 기댈 곳 없는 삶에서 의지할 것은 실력이라 생각해서 부지런히 공부하시고 몸으로 때우셨다는 것이었다. 아버지께서 군 생활을 하면서도 실전과 이론을 균형을 잡기 위해 부단히 노력하셨다는 말씀으로 나는 들었는데 삶 가운데 나도 부단히 실전과 이론을 채우려는 노력을 하고 했기 때문이다.

대학 때 역사를 배웠는데 조선 세종 때 활약했던 백두산 호랑이 김종서의 이야기를 듣고 참 인상이 깊었던 것이 생각이 난다. 조선 세종 때 두만강 지역에 6진을 개설하여 조선의 영토가 압록강, 두만강으로 확정되는데 큰 공을 세웠던 김종서는 사실 문인이었다. 그는 문인이면서 동시에 무인으로서 조선의 두만강을 개척하는 큰 일을 이룬 것이었다. 학문과 실천을 겸비한 김종서처럼 이순신 장군도 무인이지만 임진왜란을 담은 '난중일기'를 통하여 문인의 모습을 보이며, '갈리아 전기'를 쓴 가이우스 율리우스 카이사르Gaius Julius Caesar도 무인이면서 문인이었다. 자신의 삶에 충실했던 사람들의 특징 중의 한 가지는 현장과 책상의 균형, 이론과 실전의 적절함을 갖추었다는 것이다. 아마도 그것이 내가 끊임없이 배우려 하고 안주하지 않고 새로운 것에 마음을 열고 듣고 쫓아가는 이유가 아닐까! 또한 UB나비 독서모임의 창립멤버로서 적극적으로 참여하여 책 읽기를 행했던 이유가 아닐까라는 생각이 든다.

물론 거기에는 늘 선한 마음만 있었던 것은 아니었다. 신앙의 부족을 채우려는 어리석은 시도도 있었다. 지식으로 신앙을 대체하려는 교만함도 있었고 불안함을 내쫓으려는 욕망도 있었다. 이제는 바울이 말하는 초등학문의 의미와 그것이 가지는 한계와 불확실성, 그리고 지식과 신앙이 가지는 역할과 의미에 대해서 조금이나마 알게 되는 것 같다. 왜 끊임없이 배우려고 했는지, 배움을 행해도 왜 목마르게 되었는지를 나비 모임을 통하여 더욱 이해하게 되었다.

틀을
만들어 가다

나비모임의 장점은 틀을 만들어주는 것이라고 생각한다. '구슬이 서 말이라도 꿰어야 보배다' 라는 속담이 있다. 아무리 좋은 솜씨와 훌륭한 일이라도 끝을 마쳐야 쓸모가 있다는 뜻이다. 내가 위의 속담과 같은 모습이었다. 많은 독서를 행할지라도 남는 것이 없었다. 독서에 많은 시간과 노력을 쏟아놓은 만큼 독서를 통한 변화와 열매가 없었다. 지식은 많은데 그 지식이 연결되어지고 조직되어져서 과거와 현재를 제대로 해석하지도 못하니 미래를 꿈꾸는 것은 언감생심焉敢生心,어찌 감히 그런 마음을 품을 수 있겠는가 같은 마음이었다.

모임을 참석하니 모두가 나와 비슷한 마음이었다. 책을 가까이하고 배움을 즐기는 사람들이라 아는 것이 많았다. 어떤 이는 너무 말을 조리 있게 늘어놓아 듣는 사람들로 감동을 받게 하였다. 어떤 이는 나눔에 깊이가 있어서 신선한 통찰과 인식으로 깊은 자극과 도전을 주기도 하였다. 어떤 이들은 책의 내용에 자신의 삶을 적용하여 나누니 은혜와 격려, 위로가 되었다. 참 다양한 사람들이 만나서 다양한 이야기를 쏟아 내며, 같은 내용이라도 읽고 생각하고 받아들이는 점들이 색달라서 신선하고 자극이 되었다.

대학 때 '역사의 주인은 예수이다'라는 말에 흠뻑 빠져서 여러 곳과 사람들을 찾으러 다니었던 기억이 떠올랐다. 내가 다니던 대학시절은 민주화 투쟁이 정점을 달리던 시절이었다. 역사학과를 들어간 첫 날부터 분위기는 뜨거웠다. 역사가 좋아서 들어갔던 대학은 나의 생각과 달리 치열한 현실을 어떻게 보고 해석해야 되는가에 대해서 계속적으로 나를 압박했다. C. C. C Campus Crusade for Christ 모임에 다니면서도 현실에 대한 해석과 관점에 고민하던 내게 '역사의 주인은 예수이다'라는 말은 하나의 빛이었고 구세주였다. 이후 역사의 주인이 예수가 어떻게 현실과 삶에서 이루어지고 체화되어 가는지에 대해서 배우고 듣기 위해 여러 곳을 쫓아다니었다.

그런데 문제는 보고 듣는 것은 있는데 그것이 연결되어지고 조직화되어지고 만들어져서 꿰어져야 되는데 그것이 잘 안 되는 것이었다. 나중에 알게 된 것이지만 예수안에서 지식들이 만들어지고 꿰어져야 했었는데 그 작업을 제대로 행해지 못했던 것이었다. 나비모임은 파편화되고 산발적으로 흩어졌던 지식들과 경험들을 만들어 가는 작업에 영향을 주었다. 지속적으로 책을 읽게 되고 읽은 책을 정리하면서 지식들이 연결되어지고 꿰어지는 일들이 일어나게 된 것이었다. 나비모임은 1년 동안 읽을 책을 준비하면서 여러 분야의 책들을 선정한다. 그리고 매주 선정된 책을 읽고 요약하고 발표하고 듣는 작업들을 한다. 우리는 그러한 과정을 통해서 각 분야에 대한 정보를 쌓고 정리가 되면서 그 분야에 대한 이해를 점점 더해가게 되었다.

경영학의 대가라는 피터 드러커Peter Ferdinand Drucker와 일본인으로 노벨문학상을 수상한 오에 겐자부로大江 健三郎는 '3년 공부법'이라는 공통적인 공부법을 가지고 있었다. 그들은 3년 마다 주제를 정하여 책을 읽고 정리하며 이해한다는 것이다. 3년간의 기간을 통하여 한 주제를 정하여 독서하며 공부하면 그 분야에 대한 전문가의 수준을 가질 수 있다는 것이다. 나비모임의 장점은 바로 각 분야에 대한 독서와 정리를 통하여 이해와 논점을 세워나가는 틀을 잡아주는 것이었다.

사실 만남은 일반적이면서 독특하다. 만남은 흔한 것이지만 귀한 것이다. 누구나 만남을 경험하지만 누구나 만남을 통해서 자신의 삶을 풍성하게 하고 깊어지게 하는 것은 아니기 때문이다. 만남은 누구에게나 열려 있지만 누구에게나 만남은 귀한 보화를 허락하지 않는다. 만남은 존재와 존재의 관계이기 때문이다.

만남이 나의 삶에 풍성함을 허락하기 위해서는 존재의 그릇이 필요하다. 상대의 이야기에 나의 인식과 반응이 중요하다. 열심히 이야기하는 상대에게 제대로 답하고 공감하지 않는다면 더 이상 관계는 지속되어지지 않는다. 그리하여 열매 없는 만남으로 이어지거나 더 이상 지속되지 못하고 끝나는 만남이 된다. 나비모임은 만남을 풍성하게 지속시키는 그릇을 제공해 주었다. 나비모임은 우리 모두에게 통찰을 부어주어 머리를 시원케 하고 가슴을 넓혀주며 사방으로 발걸음을 나아가게 하였다.

나비모임은 '만남'을 이룰 수 있는 그릇으로 준비되어지는 것이었다. 멤버들 중 몇 명은 '작은 도서관 운동'을 펼치며 책을 통한 몽골의 변화를 꿈꾸고 있다. 어떤 이들은 몽골의 5,000 나비독서모임이라는 행복한 꿈을 꾸고 오늘도 책에 잡혀 있다. 어떤 이는 현지인들과의 독서모임을 만들어가며 아이들의 삶에 소망과 변화를 전하고 있다. 나는 오랜 기간 앓아 오던 지식과 신앙의 문제를 풀어가고 있다. 역사학과에 들어가 공부하면서 동, 서양의 선배들을 만나고 그들의 땀과 울음, 우연(?)과 노력의 삶을 바라보면서 '역사의 주인은 예수이다' 라는 질문에 대답하지 못하여서 늘 마음 한편에 무거운 짐을 졌었다. 그러나 나비모임을 통하여 지식과 신앙의 관계, 역사와 예수의 모습등을 알아가며 정리해 가고 있다.

바리새인들이 예수를 넘어뜨리고자 '가이사에게 세금을 바치는 것이 옳으니이까? 물을 때 가이사의 것은 가이사에게, 하나님의 것은 하나님께 바치라'는 말씀처럼 나비모임을 통해 현장을 보고 신앙을 통하여 답을 찾아가는 길을 알아가고 있다. 나비멤버들 모두 현장(현실)과 책상(이론)이라는 어느 하나의 틀에 갇히어서 현실을 바라보는 것이 아니라 현장과 책상의 망원경을 통하여 다각적으로 해석하는 자들로서 만들어져 가고 있다. 나도 그들 중의 한 사람으로서서 세워져 간다.

오늘도
만남이다

지금까지 나의 만남은 어떠할까? 이후의 만남은 어떠한 모습으로 그리어질까? '삶은 오케스트라orchestra와 같다' 는 말이 있다. 오케스트라가 웅장한 음악과 장엄한 소리를 낼 수 있는 비결은 모든 악기들이 제 자리에 있기 때문이며, 모든 악기들이 제 소리를 내도록 지휘하는 지휘자가 있기 때문이다. 내게는 나비모임이 오케스트라의 지휘자가 되었고 때로는 악기들이 되었다. 나비모임의 만남에서 멤버들은 때로는 내게 멘토가 되어주기도 하였다. 때로는 내가 그들의 멘토가 되어서 서로에게 자극과 도전을 주는 역할들을 수행하였다. 그리고 책의 스승들도 내게 귀한 멘토로서 나의 삶의 악기들을 제 자리에, 제 소리를 내게 하는 역할들을 알려 주었다. 나비모임 안에서 우리들은 귀한 만남을 가지었고 좋은 만남들을 통하여 나의 삶의 현장에서 내가 멘토가 되거나 멘티가 되어 또 다른 귀한 만남들을 이루어가고 있다.

지식은 공동체를 통하여 해석되고 적용되어 발전해가기 때문이다. 나비모임안에서 우리에게 전해진 지식은 우리의 삶을 살찌우고 우리를 통하여 세련되게 다듬어져 또 다른 지식으로 다른 이들에게 전해져 가고 있다. 아름다운 공동체로 자라가고 있는 나비모임이다.

몽골에서 귀한 만남을 가지었다. 나비모임이라는 만남을 통해 삶과 사역에 풍성함을 더해 가고 있다. 그리고 그 풍성함은 내가 만나는 사람들에게 흘러가고 있다. 우리의 만남을 든든하게 지지해 주는 나비모임 때문에 행복하다. 오늘도 나의 만남을 풍성하게 해 주는 나비모임에서 힘을 얻는다. 나의 만남에 귀한 열매를 맺게 해 주는 나비모임의 멤버들에게 감사를 전한다.

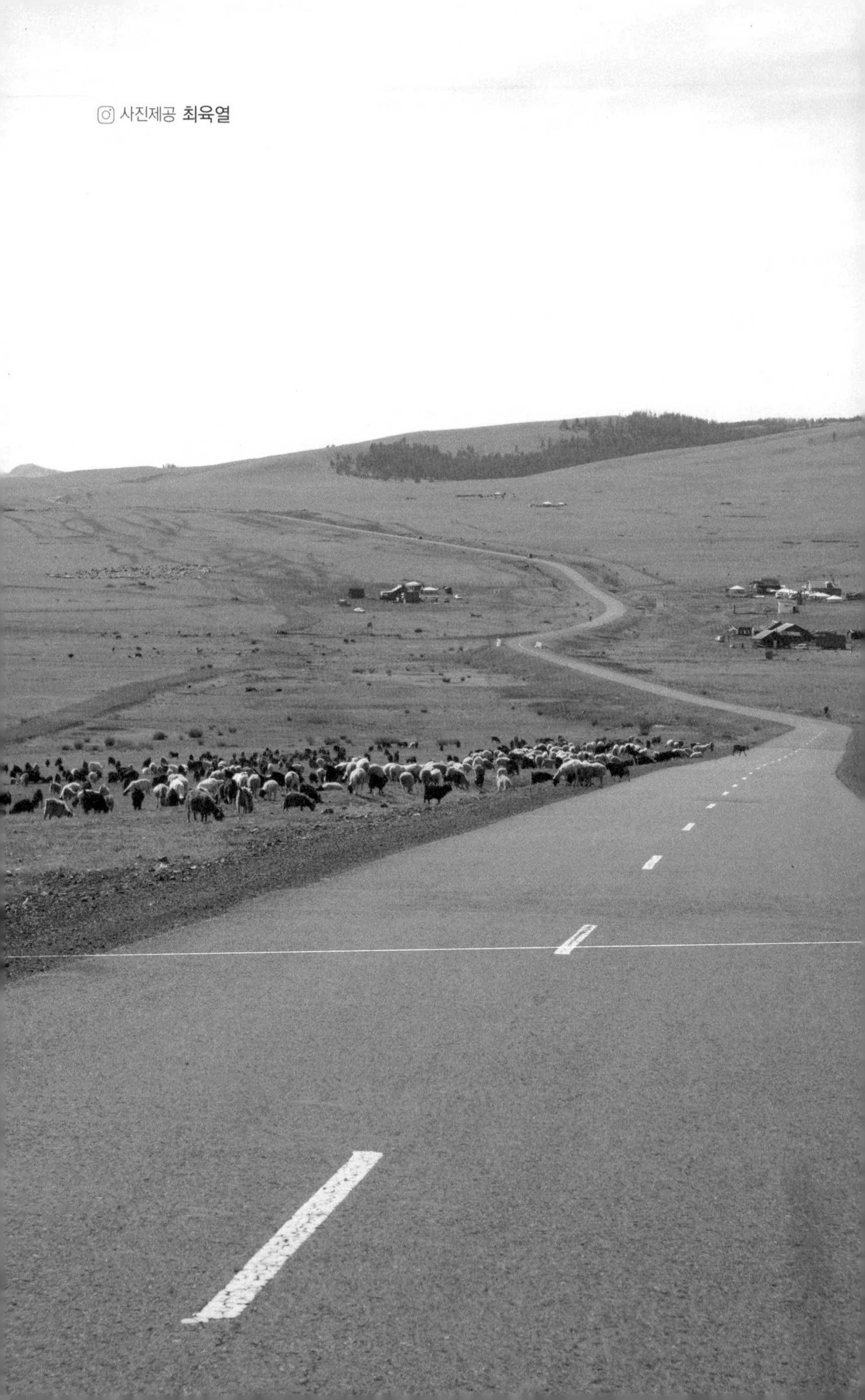

사진제공 **최육열**

chapter 6

그
길
을
가
려
는
가
?

여병무　93년 대학을 졸업하고 6월 몽골에 갔다. 우연히 몽골국립대학교에서 한국어를 가르친 것이 계기가 되어 30년째 한국어 교수로 살고 있다. 최초의 한 · 몽사전 편찬자, 전 세계 여러 세종학당 중 1호 세종학당장이라는 직함을 갖고 있으며 국제울란바타르대학교에서 한국사, 한국정치, 한국경제를 강의하고 있다. 최근 몽골 어린이, 청소년들을 대상의 작은 도서관 설립운동과 독서운동을 하고 있다.

나만의 길을
찾다

미국 가라! 아니 몽골 갈래요

대학 3학년과 4학년에 브라질 아마존과 필리핀 민도로섬을 각각 3주 단기 여행한 적이 있다. 그곳에서 특별히 인상적인 것은 몽골반점이 있는 원주민이었다. 몽골반점은 한국, 몽골, 만주인에게 일반적으로 많이 나타난다. 당시 나는 대학에서 역사를 전공하고 있어 북방민족에 대해 관심이 많았다. 브라질과 필리핀에서 몽골계 원주민을 만난 후 몽골에 관한 관심은 한층 새로워졌다. 1990년 한몽 수교 후 국비유학생으로 몽골에 와 있던 김기선 선배(현 한국외국어대학교 몽골학과 교수)가 있다. 김 선배는 1991년 어느날 모교를 찾아 몽골 사는 이야기를 재미있게 들려주었다. 이후 몽골에 대해 좀 더 찾아보고 유학을 결심했다. 몽골에 가겠다고 하니 모두 미국이 아니고 왜 몽골이냐고 물었다. 그러나 나는 미국보다 몽골이 더 매력적인 블루오션Blue Ocean으로 보였다. 지나고 보니 몽골을 선택한 것은 내 인생의 최고의 선택이었다. 나는 93년 2월에 대학을 졸업하자마자 3월에 결혼하고 6월 몽골에 입국하는 모든 과정을 빠르게 진행하였다.

6월 11일 오후 울란바타르 보양트오하 국제공항에 첫발을 내디뎠다. 몽골에서는 좋은 사람이 오면 비가 온다고 하는데 우리가 트랩을 내릴 때 여름비가 환영해 주었다. 입국 수속을 마치고 시내로 들어가면서 아름다운 초원, 굽이쳐 흐르는 톨강과 마주쳤다. 울란바타르는 당시 인구 50만의 평온한 도시였다.

우리는 초청 기관인 몽골과학원 어문학연구소에서 유학 비자를 받고 몽골어 공부를 시작했다. 당시 몽골은 사회주의에서 자본주의로 이행하는 시기여서 시장과 가게에 충분한 물자가 없었다. 그래서 정규 수업을 마치면 울란바타르 이 가게 저 가게를 찾아다니며 "우지봅시다 헤드웨얼마입니까?"라며 시장에서 장을 보는 것이 중요 일과였다. 1990년 초 몽골을 가장 잘 나타내는 말이 있다면 "없다-바이흐구이, 모른다-메드흑구이, 내일-마르가시"라는 단어였다. 이 말들은 사회주의에서 시장경제로 옮겨가는 몽골 사회를 가장 잘 나타내는 단어였지만 현재는 듣기 쉽지 않다. 울란바타르 일반 버스비가 1트그릭몽골의 화폐 단위에서 500트그릭의 변화를 생생히 지켜보며 몽골에서 30년을 살고 있다.

뜻밖에 한국어 교수로 발을 내딛다

9월 새 학기가 시작할 즈음에 김 선배는 개인 사정으로 자기가 가르치던 몽골국립대학교 몽골학과 학생에게 한국어를 가르칠 것을 부탁했다. 나는 별생각 없이 수업을 맡았다. 막상 수업을 맡았지만, 대학 측에서 수업과 강의에 대한 별도 안내가 없었다. 겨우 강의실을 찾아 첫 수업에 들어갔는데 교재, 분필, 사전 등 아무것도 없었다. 몽골어를 전공하는 3학년 여학생

일곱 명과 루마니아에서 온 남학생 한 명이 교실에 앉아 있었다. 혹시나 해서 S 대학교 한국어 교재를 한 권 어렵게 찾아 들고 간 것이 수업 준비의 전부였다. 두 달여 배운 몽골어로 매우 어렵게 소통하며 첫 수업을 진행하였다. 학생에겐 교재가 없고 나에게는 분필이 없었다. 이곳저곳을 찾아다니며 겨우 분필 한 조각을 얻었다. 그나마 칠판에 잘 써지지도 않았다. 어렵게 첫 수업을 마치고 한 학기 수업을 어떻게 운영할지 막막했다. 하는 수 없이 집에서 교재를 만들어 학생 수 만큼 프린트를 하여 나누어 주면서 한 학기 수업을 의욕적으로 시작했다. 강의할수록 강의 교재와 사전이 절실했다.

우연한 계기로 한·몽 사전을 만들다

한국어를 가르치다 보니 사전이 필요했다. 몽골에 올 때 몽골어-일본어 사전을 복사해서 왔다. 일본어는 몰라도 한자를 읽으면 대충 몽골 단어의 뜻을 짐작할 수 있었다. 일본어를 전공한 아내에게 번역을 부탁했다. 아내가 번역한 내용을 중심으로 한국어 몽골어 사전 작업을 시작했다. 한국어를 표제어로 잡고 몽골어로 그 뜻을 적었다. 이렇게 〈한·몽 소사전〉 작업을 매일 매일 조금씩 작업했다. 당시 〈아래 한글〉 1.5에서 2.0버전이 나왔다. 이전 버전보다 몽골어 자판 조합이 쉬워졌다. 당시 컴퓨터를 잘 몰랐던 나는 〈아래 한글〉 사용 설명서를 여러 번 보고 어렵게 방법을 찾았다. 몽골어 타자기에 맞도록 몽골어 자판을 하나하나 배열하여 〈아래 한글〉에 몽골어 자판을 완성하였다. 사실 나는 언어를 배우는 소질이 없어 몽골어 공부가 그리 재미있지 않았다. 그러나 컴퓨터 편집작업은 이전부터 좋아했기에 책상에 앉아 사전을 만드는 일은 그리 따분하지 않았다. 사전 작업을 통해 새로운 단어를 공부하는 것은 나름 재미있는 일이어서 끈기를 발휘할 수 있었다. 또한, 주변의 몽골어 선생님, 한국어를 배우는 학생의 도움을 받아 여러 번 수정할 수 있었다. 1994년 5월 표제어 6,500 단어의 〈한·몽 소사전〉 작업을 마치고 〈울란바타르한국어학교〉에서 출판했다. 내 인생에 사전을 만들겠다는 계획은 없었다. 그러나 몽골에서 한국어 교사로 살다 보니 이 일은 누군가는 해야 할 일이었고 그 누군가는 나였다. 이후 계속해 수정할 수밖에 없는 상황이 생겼다. 처음에는 혼자였지만 이후 제자들의 도움을 받을 수 있었다. 1997년 몽·일 사전을 아내에게 번역하게 했다. 그리고 나는 편집작업과 수정을 통하여 〈몽·한 포켓 사전〉 아내 명의로 출판을 해주었다. 이후 〈한·몽 소사전〉을 증보하여 2000년 〈한·몽 사전〉으로 출간하였다. 사전 출판기념식도 조촐하게 하였다. 주몽골 최영철 대사님과 몽골 어문학 연구소 산필덴데브 소장님 그리고 몽골의 유명한 언어학자들이 참석해 축하해 주셨다. 이후 〈한·몽, 몽·한〉 등 여러 사전을 증보 출판하였다. 사전 작업은 까다로워 누구에게 편집을 맡길 수 있는 것이 아니어서 지금까지 직접 작업하고 있다. 그동안 〈아래 한글〉로 사전 편찬의 달인이 되었다. 그리고 2016년부터 (주)네이버의 요청으로 〈한·몽, 몽·한 사전〉을 인터넷에서 서비스하기까지 되었다.

한국어를 넘어 한국학 교수로

이렇게 시작한 한국어 강의는 해를 거듭하여 30년 차가 되었다. 최근 10년 동안 한국어 교육은 거의 하지 않고 세종학당에서 한국어 강의를 가끔 하는 정도이다. 대학에서 역사와 경제를 전공하여 한국학 관련 수업으로 한국사, 한국경제, 한국정치, 한국지리, 한국민속, 한국인의 의식 등을 주로 가르치고 있다. 한국학 수업은 쉬울 것 같지만 학생들의 한국어 수준차가 커서 한국어로도, 몽골어로도 강의하기 쉽지 않다. 한국학을 가르치기 위한 교재를 만들어야 했다. 또한, 한국사 책을 몽골어로 번역 출간하고, 〈현대한·몽 관계사〉를 저술하여 출판했다.

한국사 교수로 책임감을 느끼는 일이 있었다. 한몽관계가 깊어지는데 몽골인이 한국사를 모르거나 잘못 아는 경우가 많았다. 이는 몽골 역사교사들이 한국사를 배우지 않고 교단에 서는 것과 무관하지 않았다. 그래서 동북아역사재단의 장석호 박사님에게 요청하여 몽골역사교사 교육을 제안하였다. 2014년 이후 몽골 역사·사회교사 워크숍을 하고 있다. 그동안 6권의 자료집과 5권의 단행본을 출판하여 배포하는 뜻 깊은 일을 하고 있다.

역행자로 삶을 살다

지난날을 돌이켜보면 평범한 삶은 아니었다. 몽골에 오느라 다른 형제들과는 달리 전세금도 받지 않고 시작했다. 그렇다고 무일푼으로 시작한 것은 아니다. 가족의 도움으로 결혼식을 올리고 제반 비용을 제외하고 어느 정도 돈이 남았다. 아버지 같은 큰형님 덕에 부조가 어느 정도가 되었다. 당시 외국으로 출국할 때 지참할 수 있는 금액이 1인당 5천 불이었는데 우리 부부는 1만 불을 갖고 출발할 수 있었다. 2년간 몽골에서 가정을 꾸리며 학비, 임대료, 생활비를 냈다. 우리 부부는 매일 버스를 타거나 걸어 다녔다. 첫애를 임신한 아내는 먹고 싶은 것을 먹지 못해 울기도 했다. 두 살 터울의 남자아이 셋을 키우며 생활하기에는 부족했다. 몽골에 온 3년 후인 96년부터 교육 선교사로 최소한의 후원을 받을 수 있었다. 지난 30년의 몽골 생활을 돌아보면 우리 부부의 시작은 무모했고 무에서부터 시작했다. 그런 면에서 지난 삶은 거창고등학교 졸업생에게 주는 교훈처럼 시작했다고 할 수 있다.

❶ 월급이 적은 쪽을 택하라.

❷ 내가 원하는 곳이 아니라 나를 필요로 하는 곳을 택하라.

❸ 승진의 기회가 거의 없는 쪽을 택하라.

❹ 모든 것이 갖추어진 곳을 피하고, 처음부터 시작해야 하는 황무지를 택하라.

❺ 앞을 다투어 모여드는 곳은 절대 가지 마라. 아무도 가지 않는 곳으로 가라.

❻ 장래성이 전혀 없다고 생각되는 곳으로 가라.

❼ 사회적 존경 같은 건 바라볼 수 없는 곳으로 가라.

❽ 한가운데가 아니라 가장자리로 가라.

❾ 부모나 아내나 약혼자가 결사반대하는 곳이면 틀림없다. 의심치 말고 가라.

❿ 왕관이 아니라 단두대가 기다리고 있는 곳으로 가라.

몽골에 가려고 할 때 모두 반대했다. 미국이 아니고 웬 몽골이냐는 반응이었다. 다만 강동성서침례교회 길금생 목사님과 큰 형님만이 지지를 해주었다.

몽골에 온 것은 넉넉하고 풍족한 삶을 위한 것이 아니었다. 그러나 몽골에 있는 동안 중국, 필리핀, 미국, 인도네시아, 캄보디아, 베트남, 태국, 미얀마, 탄자니아, 아랍에미레이트, 일본 등 여러 나라를 다닐 수 있었다. 나는 남과 다른 삶, 세상을 거스르는 삶을 살지만, 그 누구보다 많은 것을 나누며 살고 있다. 물론 다르게 살기 위해서는 남다른 확신과 용기도 필요했다. 삶의 목적과 의미, 사명에서 행복을 찾기에 그리 힘든 시간도 아니었다. 일반적이지 않은 인생 여정을 가고 있지만, 오늘도 나만의 여행에서 즐거움과 행복을 찾는다.

몽골의 미래를
꿈꾼다

어렸을 때 링컨과 같은 정치인이 되는 것이 꿈이었다. 그러나 1987년 대학에 입학하여 세상이 그렇게 호락호락하지 않다는 사실을 알았다. 6·10 항쟁으로 데모가 한창이던 시기였다. 좋은 크리스천 정치인 필요하다고 생각했지만, 현실은 그렇지 않았다. 민주화를 외치는 학우들의 헌신적인 모습에 감동되었다. 그러나 일부 목적을 위해 수단 방법을 가리지 않는 그들의 모습에 또한 실망도 컸다. 이후 나는 몽골로 오게 되었고 지난 30년 동안 대학에서 학생을 가르치는 것을 통하여 좀 더 좋은 세상을 꿈꾸고 있다.

시작 호지르볼랑 게르 북카페

호지르볼랑 도서관은 2016년 홍완표 목사님의 지원으로 시작되었다. 홍목사님은 개인적으로 안면이 있던 분은 아니고 어느 목사님의 소개로 알게된 홍 목사님은 몽골에 게르 교회를 시작하는 곳이 있으면 지원길 원했다. 마침 꿈과 사랑교회 징기스바타르 목사님이 울란바타르 동쪽 호지르볼랑

에 전도처를 개척하고자 도움을 요청한 상태였다. 모든 상황이 맞아 양쪽을 연결하였다.

호지르볼랑은 울란바타르에 일자리를 찾아 무작정 상경한 이주민이 무허가로 울타리를 치고 사는 곳이다. 그러다 보니 이곳에 사는 사람들 대부분 형편이 어렵다. 상하수도가 없고 골목은 포장되어 있지 않고 넓이도 제각각에 춤추듯 휘어져 있다. 재미있는 것은 맹지여서 다른 집을 통과하지 않으면 나갈 수가 없는 집들도 있다. 집마다 울타리 재료도 모양도 다양한데 점유한 토지 모양도 가지각색이다. 이러다 보니 토지 소유도 불분명하다.

이 지역 학생들은 근처에 학교가 없어 버스를 타고 서너 정거장을 가야 한다. 땅이 있어서가 아니라 꿈사랑교회를 출석하는 촐로나 형제의 허락으로 무작정 그의 마당에 게르도서관을 지었다. 마당 중간에 평탄 작업을 하고 게르(지름 7m 게르 벽이 6개 필요)를 지었다. -게르는 격자 모양의 얼개 벽을 치고, 두 개의 기둥을 중앙에 세우고 원형의 '터언тооно'이라고 하는 천창天窓을 얻는다. 터언과 격자 벽에 긴 장대인 온yHb을 놓아 벽과 천창을 연결한다. 그렇게 건물의 틀을 완성한다. 기본 틀을 완성하면 단열재인 양모 펠트를 둘러야 하는데 그전에 안벽과 천장에 흰 천을 댄다. 그리고 흰 천 밖으로 펠트를 얹어 단열하고 그 위에 다시 흰 천을 덮어 마감을 하고 밧줄로 묶어 게르를 완성한다.- 이렇게 완성한 게르 정면에 책꽂이 4개를 놓고 중앙에는 화목 난로를 설치하고 2인용 책걸상 5개를 둘러놓았다. 이렇게 하여 게르 도서관을 완성했다. 몽골은 춥거나 더운 날씨가 많은데 게르는 생활하기 적당한 곳이다. 여름에 시원하고 겨울에 난로를 피우면 매우 따뜻하다. 부족한 것도 있지만 괜찮은 게르 도서관을 만들었다.

게르 도서관은 책을 읽는 공간이기도 하지만 어린 학생들이 오가다 쉬어가는 공간이기도 하다. 이곳에서는 배고픈 아이들에게 음료와 약간의 간식을 제공한다. 도서관 운영할 사서가 필요했는데 마침 병원에서 간호사로 퇴직하신 촐로나 어머니 체기 할머니가 주 2회 봉사를 해 주시기로 했다. 작년부터 몇 분의 후원으로 5일 동안 문을 열기 시작했고 체기 할머니에게 봉사료로도 드릴 수 있게 되었다. 체기 할머니는 도서관 운영에 대한 교육도 받으시며 사서로 당당히 봉사하고 계신다. 지역에서는 도서관 할머니로 유명인이 되셨다. 호지르볼랑 북카페는 주중에는 책을 읽는 공간이다. 주일에는 꿈사랑교회 청년들이 와서 아이들에게 성경을 가르치고 있다.

게르 도서관

홍 목사님의 후원으로 몇 곳의 작은 도서관이 더 세워졌다. 두 번째는 〈가조르트〉 게르 도서관이다. 이곳은 초거 목사가 노숙자 사역을 하는 곳으로 게르 건축과 책꽂이 도서를 요청해 세워졌다. 세 번째는 울란바토르 동쪽의 날라흐구에 〈은혜〉 게르 도서관이다. 김준덕 선교사님의 요청으로 지원을 했다. 이곳은 대학 제자인 할리웅 목사가 사역하고 있었다. 시장에서 게르를 구입하여 설치하고 합판을 재단하여 학생들과 함께 책꽂이를 직접 만들어 주고 책걸상과 어린이 청소년을 위한 선정 도서를 구매하여 개관을 하였다. 마을의 엄마들이 아이들과 함께 이곳을 찾아 책을 읽기 시작했다.

홍 목사님이 소개한 대전의 도마동교회와 가순권 목사님의 후원으로 2018년 너겅조릭 지역에 아가페 교회에 단층 건물을 짓고 책꽂이와 책상을 제작하고, 의자를 구매하여 함께 지원하였다. 현재 이곳은 도마동교회와 개인 후원자 네 분이 후원하고 있다.

매달 모은 지원금을 모아 2016년 울란바타르 북쪽 칭길테구 덴진미양가 지역에 2층 건물을 짓기 시작하여 2017년 작은 〈덴진게렐 도서관〉 운영을 시작하였다. 그동안 근무하던 두 분의 사서는 잘 훈련하여 다른 곳으로 파견을 하고 2022년부터 공립학교에서 55세에 사서로 은퇴하신 투메 선생님을 사서로 모셨는데 젊은 선생님들보다 더 열정적으로 일해주고 계신다.

2019년은 시내에 임대 건물을 가진 꿈사랑교회의 요청으로 평일 북카페로 사용할 수 있도록 리모델링을 지원하여 주었다. 꿈과사랑교회는 상시 책을 읽을 수 있는 산뜻한 공간을 갖게되었다. 이곳의 어트거 사모는 3P 독서 훈련을 받고 난 후 누구보다 책을 많이 읽으며 청년 학생들을 지도하고 있다.

2019년부터 뜻을 같이하는 여러분이 GGL글로벌 게르 도서관 프로젝트를 함께 시작하였다. 이분들은 3P 교육을 함께 받았다. 우리는 매년 이사회비를 각출하여 사업을 하고 있다. 이사회비 외에 사)대한민국독서만세, 강동성서침례교회 등 기관 후원과 개인 후원자의 후원으로 사업을 하고 있다.

우리들의 가장 중요한 사업은 매월 하는 사서 교육이다. 매월 첫 번째 월요일에 모여 강의를 듣고 이후 저녁을 함께하며 작은 도서관을 어떻게 운영할지 함께 모색한다. 우리는 사서 교육을 위한 일부 경비 지원과 연말에 우수 사서를 시상한다.

연 2~3회 독서 캠프인 단무지 행사를 개최하고 지원하고 있다. 독서 캠프 단무지는 사서들과 독서모임에 모이는 몽골인을 대상으로 하고 있다. 또한 작은 도서관 독서모임에 참여하는 학생 대상으로 우수 독서생 시상하고, 몇몇 학교에서 독서 장학생 선발을 지원하고 있다. 신설 작은 도서관에 도서지원과 책꽂이를 장소에 맞게 제작해 주고 있다. 독서 교육을 비롯하여 지역과 작은 도서관에 필요로 하는 다양한 강의를 지원하고 있다.

몽골 선교사 자녀학교가 건축을 마치자 우리 팀은 도서관에 몽골UB나비 회원과 함께 모여 이틀 동안 책꽂이 40여 개를 직접 제작하여 주었다. 봉사자들은 드릴을 들고 하루 종일 책꽂이를 조립하였다. 사전에 책꽂이 합판 재단과 책상용 철재 다리를 미리 준비해 두어서 하루 만에 마칠 수 있었다. 추후 도서관 마루 공사도 지원해주었다.

이후 여러 이사들은 다양한 곳에서 후원을 받아 지역도서관을 연결하였다. 〈공간 나비〉 도서관, 〈바롱살라〉 작은도서관, 〈므르들징〉 작은도서관, 〈에르데네트〉 작은도서관, 〈하드갈〉 작은도서관, 울란바타르대학교 한국학연구소 자료실, 홍허르 지역 등 계속적으로 사업을 진행하고 있고 운영 노하우도 교육하고 있다.

글러벌 게르 도서관 프로젝트가 몽골을 넘어 세계로 뻗어 나가길 함께 준비하고 있다. 지금은 시작단계이지만 우리의 봉사에 뜻을 같이하며 동참하는 기관과 개인이 있어 감사하다.

작은 도서관은 진짜 공부를 가르친다

대학생이 배워야 할 가장 중요한 것은 전공과목일 수 있지만 읽고, 쓰고, 듣고, 말하기이다. 사실 이것은 대학이 아니라 초중고등학교에서 이미 배웠어야 한다. 그러나 경제, 사회, 정치적 혼란기를 거치면서 가장 기본적인 교육이 학교에서 간과된 면이 있다. 물론 포노사피엔스 시대를 살면서 독서와 글쓰기는 모든 나라 청소년의 문제이기도 하다. 현재 몽골 대학의 학생은 독서와 문해력과 글쓰기에 대해 많은 어려움을 토하고 있다. 몽골은 구비문학이 발달한 나라이다 보니 듣고 외우는 능력과 외국어를 배우는 능력은 특별한 것 같다. 하지만 정리된 글, 의견이 분명한 글쓰기를 힘들어한다. 글을 못 쓰는 것이 아니라 많은 내용을 장황하게 늘어놓고 있다. 정리가 되지 않고 무엇을 말하려는지 초점과 주장이 불분명하여 논리적 근거가 빈약한 경우가 많다. 그러다 보니 글쓰기는 몽골 교육 현장에서 시급히 해결해야 할 문제이다.

나비모임에서 읽은 송숙희 작가의 《150년 하버드 글쓰기 비법》을 응용하여 대학 교육에 적용하려고 노력중이다. 작은도서관 운동도 학생들의 글쓰기를 돕기 위한 한 방편이다. 학교 개인 사무실 한쪽에 200여 권의 몽골 도서를 구매해 놓고 학생들을 불러 읽히고 있고 독서 동아리도 운영하고 있다.

몽골에서 게르 도서관 운동을 생각한 것은 집에 책이 없는 상황에서 어린 청소년들이 가까운 도서관을 찾아 사고력을 키우고, 꿈을 키우기 위함이다. 사실 진짜 공부는 읽고, 쓰고, 듣고, 말하기인데 그게 쉽지 않다는 것이 문제이다.

'3P' 날개짓에 뒷 바람이 되어주다

2016년부터 시작한 게르 도서관 운동에 2018년 뒷 바람이 불었다. 사실 2017년 파송 교회의 최육열 목사님의 소개로 3P프로(자기경영)과정을 수료하였다. 당시 중요한 것은 알았지만 적용이 쉽지 않았다. 그러나 그것으로 끝나지 않고 2018년 최육열 목사님이 3P 자기경영연구소 강규형 대표에게 간곡히 요청하여 6월 몽골로 모시고 왔다. 잠깐의 여행이 아닌 한인들과 한국어가 가능한 몽골인을 대상으로 자기 경영과 독서 과정을 강의했다. 강의는 몽골에 오랫 동안 살면서 매너리즘에 빠져 그럭저럭 살던 선교사들에게 엄청난 충격이었다. 자기 관리와 독서 강의는 실제적이고 구체적이었다. 어떻게 변화하고 적용할지를 알려주는 도전적인 강의였다. 이틀이라는 짧은 시간이었지만 아주 강한 임팩트를 남겼다.

2018년 7월 7일 토요일 아침 6시 40분에 첫 나비 독서 모임으로 연결되었다. 강의를 들은 10여 명 이상이 참가하는 모임이 되었다. 나에게도 새로운 변화의 시발점이었다. 혼자 서는 변할 수 없는 상황을 나비모임을 통해 여럿이 동반 성장하는 기회가 되었다. 이후 강규형 대표와 이재덕 마스터는 2019년 여름에도 한 차례 더 몽골을 방문하여 강의했다. 1년을 지내며 여럿이 함께 변화와 성장을 경험하고 다시 강의를 들을 수 있어 더 강력했다. 코로나 기간을 지나고 2022년 6월에는 몽골인 대상으로 통역 강의를 했다. 2018년 이후 몽골 여기저기에 몇 개의 작은 도서관이 더 생겨나고 독서 모임이 200여 개가 생겨났다. 놀라운 변화였다. 이 기간에 우리는 누구를 만나고 무슨 책을 읽고 그 감동을 나누냐에 따라 전혀 다른 삶을 살 수 있음을 확인할 수 있었다.

만남과
성장

인생은 만남의 연속이다. 찰리 존슨은 "현재의 당신과 5년 후 당신의 차이점은 당신이 누구와 함께 시간을 보내는지, 어떤 책을 가까이하는지에 달려있다."라고 했다. 그런 면에서 나에게 지난 5년은 이전에 볼 수 없었던 새로운 변화를 가져왔다. 새로운 변화를 이야기하기 전에 이전 있었던 만남과 변화를 말하는 것이 필요할 것 같다.

10대 때 최고의 만남은 교회와 예수님이다. 강동성서침례교회는 초등학교 5학년부터 출석한 교회로 내 인생의 성장 토대가 되었다. 몽골에 오기 전까지 10년 정도 교사로 봉사할 수 있었는데 이것은 내 인생의 밑천이었다. 강동교회는 삶의 토대일 뿐 지난 30년을 함께하며 후원하여 주었다. 나는 이 교회에서 내 인생의 최고의 만남인 예수님을 만났다. 예수님과의 개인적인 만남을 통해 인생의 의미를 알게 되고 새로운 꿈을 꾸게 되었다. 20대 최고의 만남은 사랑하는 아내와의 만남이다. 아내는 대학 동기이지만 대학을 먼저 졸업하고 직장생활을 하고 있었다. 당시 아내와 나는 친구였는데 "몽골에 함께 가자"라는 말로 청혼하고 결혼했다. 20대 또 하나의 중요한 만남은 국제울란바타르대학이다. 울란바타르 한국어학교로 몽골 국립의과대학에서 교실 두 개를 빌려 시작한 학교가 몽골의 10대 대학으로 성장하였다. 대학 출발과 성장, 변화하는 과정에서 젊음을 드린 곳이다. 30대에 최고의 만남은 두 교회와의 만남이다. 나는 목회자는 아니었지만, 교회에서 10년의 교사 경험, 2년의 군종병 경험으로 시작했다. 대학에서 만난 학생들과 〈꿈과 사랑교회〉라는 공동체를 세우고 그들과 함께했다. 아픔을 간직한 청년들에게 할 수 있는 것은 꿈을 주는 것이었다. 그들과 함께 울란바타르 외곽에서 그들보다 더 어려운 사람들을 돕기위해 한길교회를 개척하였다. 한길교회 주변에 사시는 분들은 6~70년대 한국 사회의 어렵고 소외된 분들 같았다. 대학과 두 교회를 사역할 때 인생의 소중한 멘토들을 만날 수 있었다. 내 인생 40대는 삶의 폭풍과 파도를 경험한 때였다. 대학, 사역, 가정에서 넘기 쉽지 않은 풍랑은 내 삶의 크나큰 재산이 되었다.

앞서 나이 50에 3P를 만났고 이후 5년이 지났다고 언급했다. 찰리 존슨의 견해처럼 누구를 만나고, 무슨 책을 읽는지가 가장 중요한 변화의 요인이라는 것을 지난 5년 사이에 통감하였다. 3P 자기경영연구소 대표인 강규형 대표를 만났고 독서 리더와 자기경영 코치 과정을 밟았다. 더불어 성장을 간절히 소원하는 여러 사람을 만났다. 2018년 7월 7일 6시 40분에 첫 독서 모임인 "UB나비"를 시작하면서 몽골에서 다양한 분야에서 일하는 사람과 다양한 책을 접하게 되었다. 독서 모임은 23년 7월 1일까지 261회 모임이 이어졌다. 대부분 사람이 "몇 주, 몇 달이나 갈까?"라고 했는데 참여한 사람이나 밖에서 보는 사람들 모두 놀랐다. 몇 번 참여하고 나오지 않는 분도 있었지만 지금까지 꾸준히 참석하는 분들은 나름 변화와 성장을 경험하며 거인의 어깨에 다들 올라타고 있다.

3P를 만나고 대학의 〈자기 개발〉 강의도 더 풍성해졌다. 수업 외에 별도로 심화 교육을 원하는 학생들을 모아 시간 관리 동아리를 운영하고 있다.

이 동아리에 들어온 학생은 책을 읽기 시작했고 시간 관리를 시작하면서 자신의 삶을 경영하기 시작했다. 더 중요한 것은 자신의 미래를 아주 구체적으로 꿈꾸는 학생들이 생겨나기 시작했다.

대부분 국제울란바타르대학교 재학 중이거나, 세종학당에서 한국어를 배우는 학생, 교회 청년들이다. 나에게 시간 관리를 배운 학생 중에 선생인 나보다 빠르게 변화를 하며 성과를 내는 친구들도 있다. 이화여대에 경영학 석사과정을 졸업하고 〈3P 자기경영연구소〉에 근무하는 바트체첵, 국제울란바타르대학교와 전북대학교에서 2+2제로 졸업하고 서울 〈IdeaPLAB〉에 근무하는 홀랑, 서울대 의대에서 연수 중인 체체그마, 꿈과사랑교회 어트거사모 등이다.

특별히 바트체첵은 3만4천 명(23년 7월)의 구독자를 가진 유튜버다. 바트체첵이 다루는 주요 분야는 독서와 자기 경영이다. 2019년부터 몽골에서 직장인과 기업인들을 대상으로 〈자기 경영〉 코칭을 하고 있는데 교육을 마치면 자세한 내용은 바트체첵의 강의 영상을 참조하라고 할 때가 많다. 사실 나보다 잘 설명하고 내가 짚고 넘어가지 못한 부분을 잘 설명해 주기 때문이다. 바트체첵은 청출어람이라 할 수 있다. 스승보다 훨씬 탁월하다.

이외에도 몽골의 목회자, 네트워크 판매자, 학생, 기업인 등 3P 교육을 받은 교육생 숫자가 2018년 이후 대략 300명을 넘었다. 매년 바인더를 구매하는 인원도 100여 명이 넘는다. 도서《바인더의 힘》도 5년 동안 1,000권 정도 판매되었다. 매년 200권 이상 꾸준히 팔리는 것을 볼 수 있다. 사실《바인더의 힘》판매도 바트체첵의 유튜브 영상이 지대한 영향을 미쳤다.

탁월한 영성, 지성, 건강은 쉽게 얻을 수 있는 것이 아니고 꾸준한 훈련이 동반해야 한다. 혼자 훈련하기는 쉽지 않은 것 같다. 훈련을 위해서는 책, 사람, 공동체가 필요하다. 나는 세 아들 모두 〈3P자기경영과정〉을 이수

하도록 어려운 살림살이에도 불구하고 재정 지원을 했다. 아들뿐만 아니라 한국에 있는 제자들, 졸업생도 장학금을 주어가며 자기개발을 독려하였다. 이는 이들이 새로운 만남을 통해 성장하기를 바라기 때문이고 궁극적으로는 이들 모두 섬김의 지도자로 세상을 밝혀주길 바라기 때문이다.

서두에 말한 것처럼 인생은 만남이다. 누구를 만나고, 무슨 책을 읽는가는 너무나 중요하다. 나는 좋은 책, 좋은 사람, 좋은 공동체를 만났다. 그리고 함께 성장할 수 있는 기회를 얻기도 했고 잡기도 했다. 특별히 지난 시간을 함께해준 사랑하는 아내와 세 아들, 양가 가족들, 믿음의 동지 여사모(여병무를 사랑하는 모임), 내 인생에 특별한 선물인 강동성서침례교회, 내 영적 아버지였던 길금생 목사님, 몽골 사역의 든든한 후원자 최육열 목사님, 내 인생의 스승, 국제울란바타르대학교에서 함께 동고동락한 교직원들, 몽골을 위해 함께 봉사하는 동역자들, 대학 제자들, 몽골 목사님들, 몽골 교회 성도들 모두 내 삶의 여정을 함께하여준 소중한 분들이다. 이 모든 분께 본 지면을 통해 감사를 전한다.

만남은 계속되어야 한다. 내 인생의 후반기는 "의미 있는 다리"가 되고 싶다. 나와 관계된 모든 사람이 인생의 멘토를 만날 수 있도록, 좋은 책을 만날 수 있도록, 새로운 꿈과 만날 수 있도록, 성장하는 공동체와 만날 수 있도록 돕는 것이 나의 역할과 사명이다. 앞으로의 5년, 새로운 변화와 성장을 기대한다.

chapter 7

나비 모임을 통한 기적

임보환 　전북대학교 원예학과를 졸업하고 장로회 신학대학원을 5수 만에 우수한 성적으로 합격했다. 그 후 여러 교회에서 봉사하다가 ESF라는 단체의 도움으로 46살에 몽골에 오게 되었다. 몽골에서 4년 동안 나비모임에 참석하면서 독서광이 되었고 모임의 열정 일원이 되었다. 현재 공유 오피스 개념으로 몽골 나비 사무실에서 봉사하고 있다. 몽골인에게 봉사하기 위해 나비모임을 열심히 만들고 있다. 또한, 선한 영향력을 끼치기 위해 바인더를 쓰고 독서 경영을 하면서 불철주야 열심히 하고 있다.

몽골에서
소중한 책

나는 몽골에 와서 울란바토르 대학원에 다니게 되었다

원래 언어학에 관심이 많았는데 비자도 받을 겸 한국학을 공부하기 시작했다. 책을 빌리려고 도서관에 갔는데, 몽골의 도서관 시스템은 우리와 달랐다. 도서관에 마음대로 들어가서 책을 보고 골라서 빌려올 수 있는 시스템이 아니었다. 먼저 도서관 사서에게 책에 대한 정보를 써서 주면 사서가 가서 신청한 책을 가져왔다. 몽골에서 책이 귀하다는 것을 알 수 있었다. 가격도 비싸고 출판업계 사정도 좋은 편이 아니었다. 최근에 서점은 재정적인 문제로 점점 사라지고 있다. 이런 이유로 좋은 작가들이 계속해서 작품활동에 집중하기 힘들다.

그래서 그런지 희소성 때문에 몽골 사람들은 책을 매우 귀중히 여긴다. 책은 아무나 출판할 수 있는 것이 아니기 때문일 것이다. 한번은 사무실에서 책상 높이를 맞추기 위해 땅바닥에 얇은 책을 깔고 책상을 받쳤다. 그러고 보니 우리는 책을 읽는 용도 외에 다양하게 사용하고 있다는 생각이 들었다. 그랬더니 사무실 매니저인 바트후가 바로 책을 빼면서 "여기서 이러시면 안 됩니다" 하면서 책 대신 다른 것을 놓으라고 했다. 몽골에서 책은 블루오션이다. 이들의 마음속에는 책에 대한 가난한 마음이 있다. 우리나라는 어떤가? 책이 넘쳐나서 버리기도 힘들 정도이다. 내가 어릴 때 아버지는 왜 책을 이렇게 많이 사놓았는지 불평을 많이 했다. 속으로… 몽골인들에게 책은 너무 소중하다. 시골에 갔을 때 성경책을 줬더니 사람들이 난생처음으로 책을 받았다고 하면서 집으로 초대해 몽골식 우유차(수태채)와 피챈(과자)를 주었다고 한다. 나는 이런 몽골인들을 보면서 마음속에 뜨거운 무엇이 솟아올랐다. "이들에게 책을 주자. 내가 할 일이다."

대학원 학생들은 대부분 직장생활과 학업을 병행하고 있었다. 우리는 주로 저녁 시간에 3시간씩 수업을 했다. 밤에 와서 잠과 싸우면서 공부를 했다. 심지어 아이들을 데려와서 한쪽에서는 숙제를 시키고 열심히 수업을 들었다. 정말 눈물겨운 열정이었다. 몽골 대학원생 중에는 수업료와 직장 때문에 학기를 다 마치지 못하는 사람도 있었다. 하지만 몽골 대학원생들은 논문을 쓰기 위해 최선을 다했다. 안타까운 것은 본국과 외국에서 오랫동안 연구한 교수들이 적절한 대우를 받지 못해 생활이 힘들다는 사실이었다. 앞으로 몽골이 발전하기 위해서 주경야독하는 대학원생들을 지원하고, 교수들이 집중해서 연구할 수 있는 환경을 만들어주어야 한다. 연구원들이 꿈과 비전을 이룰 수 있도록 정부가 힘을 보태주어야 한다고 생각했다. 몽골의 변화 속도는 매우 빠르다. 세계 정세를 읽고 어느 나라보다도 빨리 좋은 것을 도입하여 국민에게 도움이 되는 정책을 펼치고 있다. 수도인 울란바토르도 하루가 멀다고 환경을 업그레이드하고 최신 기술과 좋은 제도를 도입하여 국민의 생활을 개선하고 있다. CU가 갑자기 많아지고 이마트가 몽골에 많이 들어온 것을 보니 멀지 않아 몽골의 교육 정책도 선진국의 모습을 닮아가게 될 것이다.

책을 소중하게 여기는 몽골 문화를 몸소 체험한 것은 나에게 오히려 큰 기회가 되었다. 나는 몽골 '공간 나비' 사무실에 와서 독서를 하고 나비 모임에 참석하시는 몽골 나비 선배님들을 보면서 내가 몽골에 온 이유를 깨달았다. 내가 좋아하고 원하는 일을 하면서 선한 영향력을 끼칠 수 있다는 것을 알게 되었다. 나비모임이 끝날 때 외치는 구호가 있다. "공부해서 남을 주자"라는 다짐을 하는 것이다. 만약 내가 "공부해서 남을 주자" 정신으로 바인더로 시간 관리하는 법을 가르치고 독서 경영을 할 수 있도록 돕는 다면 얼마나 좋겠냐는 생각이 들었다. 나중에 한국에 돌아갔을 때 몽골에서 정말 행복하고 보람된 시간을 보냈다고 고백하게 될 것이다.

내가 처음 책을 읽는 습관을 간절히 원하게 된 것은 번역 공부를 하면서 였다. 영어공부를 열심히 하면서 막연하게 번역도 잘하고 싶은 마음에 번역 자격증에 도전하게 되었다. 그 당시 번역 자격증은 두 군데에서 주최하고 있었다. 한국 번역가 협회와 대한 번역가 협회였다. 나는 한국번역가협회 3급 자격증도 따고 대한 번역가 협회에서 제공하는 자격증 공부를 하기도 했다. 그때마다 느낀 것은 영어 실력만큼이나 한국어 실력이 중요하다는 것을 느꼈다. 이 사실을 알면서도 인정하기 싫었다. 하지만 번역의 수준을 높이려고 시도하면서 나의 부족함은 실력으로 드러나게 되었다. 독서 경영이 되지 않은 상태에서 번역은 말이 안 되는 것이었다. 번역하면서도 억지로 쥐어짜는 번역이 무슨 도움이 된단 말인가? 나비 모임에 꾸준히 참석한 다면 풍부한 어휘력과 상황에 대한 이해로 매끄러운 번역을 하게 될 것이다. 꼭 번역을 잘하기 위해서 뿐만 아니라 독서는 그냥 삶의 기본 중의 기본 이다. 시간 날 때마다 숨 쉬듯이 해야 한다. 그러면 생각이 풍부해져서 모든 면에서 성공적인 인생을 살게 될 것이다.

내가 어떻게 몽골에서 나비 모임에 참석하게 되었고 꾸준히 책을 읽기 시작했는가? 라고 질문한다면 사연이 있다. 어느 날 나에게도 나비가 날아와 앉았다. 한번은 친구가 몽골 여행팀을 도와 달라고 해서 함께 몽골 여행을 하게 되었다. 그중에 '군대를 최고의 대학으로 만들다'의 저자 장재훈 작가가 있었다. 그는 바인더와 자신의 저서를 선물해 주었다. 어떤 모임에 새롭게 참석한다는 것은 쉬운 일이 아니다. 그것도 토요일 새벽에 나가는 것은 더 어렵다. 나는 바인더를 사용하기 위해 또한 몽골에 와서 생존하기 위해서는 어떤 모임이든지 나가서 도움을 받아야 한다는 긍정적인 생각으로 독서 토론모임에 참석하게 되었다. 그렇게 내 인생의 하프타임에 독서를 통해 다시 한번 도전할 기회가 온 것이다. 나는 하프타임이 되기까지 독서경영 실패자였다. 하지만 독서를 통해 실패는 성공의 어머니라는 것을 깨닫게 되었다. '하프타임'을 쓴 밥 버포드는 말한다. 인생의 전반기는 자신의 성공을 위해 보내지만, 후반기는 인생의 의미를 찾는 시간으로 보낸다고 한다. 나는 인생의 절반을 살았을 뿐이다. 나는 이제 후반전을 더 살아야 한다. 독서 경영을 하면서 독서 토론하는 나비 선배님들과 함께 인생의 의미를 찾으며 살고 싶다. 남은 인생을 나비 선배님들과 함께 몽골을 더욱 사랑하며 섬기며 살고 싶다.

나비 모임을 통한
기적

　우리는 공유 사무실을 만들었다. 처음에는 3명으로 시작했는데 지금은 11명이 되었고 2022년 12월 말에 더 큰 장소로 이사를 했다. 바인더로 자기 관리를 하고 독서를 통해 삶이 변한다는 소문이 퍼졌다. 매일 한두 명씩 와서 우리 도서관에 대해 자세히 물어보고 갔다. 나비 도서관을 둘러보고 설명을 들은 후에 함께 하고 싶다고 말하고 돌아갔다. 이들은 바로 참여하지 않더라도 나중에 바인더도 사 가고 비싼 회비를 내고 세미나를 듣기도 했다.

　1년 전 어느 날 '토야'라는 친구가 나비 작은 도서관에 왔다. 몽골어로 '토야'는 '빛'이라는 뜻이다. 몽골에서 토야라는 이름은 흔한 이름이다. 벌써 내가 알고 있는 토야만 해도 5명이나 된다. 그러고 보니 몽골 사람들은 자녀가 '빛'처럼 살기를 원한다는 생각이 들었다. 토야는 1년 전 우리 사무실에 와서 꾸준히 책을 읽고 공부한 결과 토픽 최고 득점인 6등급에 도달했다. 1년 만에 토픽 6급에 도달한다는 것은 기적에 가까운 성과다.

　1년 전 토야는 몽골 고등학교를 졸업하고 대학에 들어가는 것을 스스로 포기했다. 고등학교를 우수한 성적으로 졸업했지만, 일반적인 친구들과는 다른 뜻을 품었다. 1년 동안 한국어를 열심히 공부해서 한국에 있는 대학에 가겠다는 목표를 세웠다. 집이 가초르트라는 시 외곽 지역에 있어서 새벽 6시에 일어나 첫차를 타고 교통체증을 피해 나비 사무실로 일찍 출근하기 시작했다. 그리고 저녁 8시가 넘어서 막차를 타고 집에 돌아갔다. 온종일 한국어를 공부하고 집에 돌아갔다. 정말 이런 친구가 몽골에 있구나라는 생각 하면서 몽골의 미래가 이런 친구들의 손에 달려 있다는 생각이 들었다. 토야는 독서 토론 모임에 꾸준히 참석하고 나중에는 자원하여 독서 토론모임을 만들기까지 했다. 지금은 한국 한양대학교에 장학생으로 선발되어 공부하고 있다.

또한, 어드너라는 의대생이 있었는데 이 친구는 휴학하고 한국어를 공부해서 1년 만에 6등급에 도달했다. 나는 토야와 어드너에게 독서를 통해 언어 공부를 하도록 도전했다. 그들은 나비 독서 토론 모임을 충실하게 참석했다. 한국어를 어느 정도 잘한다고 생각되었을 즈음 일대일 성경 공부를 하자고 했다. 이들은 독서뿐만 아니라 성경 공부를 통해서도 한국어 실력이 빠르게 올라갔다. 외국어로 하는 독서 토론 모임과 성경 공부가 쉬울 리가 없었다. 하지만 책을 읽은 다음 본깨적(본 것, 깨달은 것, 적용할 것)을 노트에 적어 왔다. 성경 공부를 하면 반드시 소감을 쓰는 시간을 가졌다. 그들은 처음에는 더듬거리며 용기를 내서 한국어라는 외국어에 도전한 것이다. 몽골 친구들은 한국어를 빠르게 배워나갔고 발음도 정확하게 구사하기 시작했다. 책을 읽고 그것에 대해 자기 생각을 쓰고 적용 점까지 찾은 다음 내가 틀린 부분을 첨삭해 주었더니 기대를 넘어서는 성과를 이루었다.

여기서 나비 독서 토론 모임 진행에 대해 말하고 싶다. 우리 나비 독서 토론 모임에 참석해 본 사람들은 알겠지만 우리는 먼저 모임을 시작하는 '나비 체조'를 한다. 큰소리로 하나, 둘, 셋 하면서 머리를 열 손가락으로 터치하면서 제자리 걷기를 한다. 제자리 걷기를 계속하면서 열을 세고 네 방향으로 돌아가는데 각 방향마다 먼저 '머리 터치'를 하고 다음으로 나비 모양을 하면서 팔로 몸을 툭툭 치며 안마해 주고 다음으로 손뼉을 친다. 다 10번씩 한다. 네 방향을 다 하고 나면 살짝 숨이 가쁘다. 정신이 다 깨고 건강해진 느낌까지 든다. 리더가 오늘 몇 회 나비인지를 말하면서 나비 모임의 시작을 알리고 "Weekly Light를 나눌 시간입니다"라고 말하면서 방향을 정해 준다. 첫 번째 세션에서 바인더를 보여 주고 일주일 동안 있었던 일을 발표한다. 이렇게 지난 주간의 특별한 삶의 이야기가 끝나면 읽은 책을 서로 나눈다. 한 달에 두 번은 지정도서를 읽고 나머지는 자유 도서를 읽는다. 보통 11월에 다음 해의 월별 주제를 정하고 1년치 지정도서를 정한다. 지정도서가 정해진 날은 BES라고 해서 '버터플라이 이펙트 스피치(나비효과 스피치)' 발표자를 정해서 발표하도록 한다. 이렇게 한 다음 광고를 하고 끝나는데 1시간에서 사람이 많을 때는 1시간 반 정도 걸린다.

토야가 1년 만에 어떻게 이런 성과를 내었는가 했더니 '성공을 지배하는 바인더의 힘'을 읽고 바인더에 열심히 적용하면서 시간 관리를 했기 때문이라는 것을 알게 되었다. 일취월장하던 토야의 바인더를 보았을 때 나는 입이 딱 벌어졌다. 〈바인더의 힘〉 예화 그림에서나 봤던 모범 사례가 바로 토야의 바인더에 그대로 묘사된 것이다. 바인더를 통해 시간 관리를 잘하니 '이렇게 사람이 변할 수 있구나!'라는 생각이 들었다. 우리도 잘 못 하는 바인더 쓰기 즉 시간 관리를 잘하고 있는 것이었다. 오히려 내가 토야에게 도전을 받고 더 열심히 바인더를 써야겠다는 다짐을 했다.

토야는 일 년 동안 지속해서 바인더를 통해 시간관리를 꾸준히 단무지(단순, 무식, 지속) 하더니만 일을 냈다. 1년도 되지 않아서 토픽 5급을 거머쥐더니만 연말에는 토픽 6급에 합격하였다. 그녀는 한양대학교 경영학과에 장학생으로 들어간 것이다. 어드너도 토픽 6급을 받게 되었다. 점수가 높은 고득점이 나왔다. 어드너는 의대를 다니고 있는데 학교 공부와 동시에 아르바이트로 외국어 학원에서 한국어를 가르치고 있다. 이들이 꾸준히 한 것은 일주일에 한 번 나비 독서 토론 모임에 참석했을 뿐이다. 우리는 똘똘 뭉쳐서 사무실에서 밥을 같이 해 먹기도 했다. 어떤 몽골 대학생들은 한국에 2년을 갔다 와도 한국어를 잘하지 못하는데 이 아이들은 몽골에서 1년 만에 한국어를 이렇게 잘하게 되었다. 바인더와 독서 토론 모임이 이들을 이렇게 변화시켰다고 아무리 말해도 아깝지 않다.

토픽에서 제일 어려운 것은 짧은 에세이를 한국어로 쓰는 것이다. 나비 모임을 할 때마다 책을 읽고 본깨적을 써서 발표하니 당연히 점수가 높을

수밖에 없다. 다른 학생들은 예상 에세이 문제를 외워서 시험장에 가는데 예상 문제와 실제 시험문제가 같을 가능성은 희박하다. 평소에 독서하고 본깨적을 하고 토론을 한 친구들을 이길 재간이 없다. 평소에 항상 본깨적으로 에세이를 쓰고 있고 심지어는 그 주제로 토론까지 했는데 어떤 결과의 차이가 있겠는가? 나는 가끔 나비모임을 하다가 깜짝 놀랐다. 아니 몽골 선배님들이 그것도 한국어로 이렇게 깊이 있게 발표할 수 있다니 몽골 유목 문화권의 가치관으로 자기 생각을 말하는데 배울 것이 많았다. 오히려 내가 도움을 받으면 받았지 도와줄 것이 있겠느냐는 생각이 들었다. 나는 그저 가는 길만 알려주었을 뿐이다. 어쩌면 평소에 책을 읽지 않는 한국 대학생보다 지성인으로서 깊은 지식이 있다고 자신 있게 말하고 싶다. 나는 이들이 나비 모임을 통해 한국어 실력이 향상된 것에서 착안하여 영어 나비모임도 만들었다. 물론 몽골어 나비에 가서도 열심히 몽골어로 나비모임에 참석하고 있다.

우리 사무실에는 몽골에 책을 사랑하는 여러 선배님이 기증해주신 책이 넘쳐난다. 거의 3,000권 넘는 장서를 보유하고 있으며 앞으로도 책을 주시겠다고 하시는 분들도 계신다. 심지어는 몽골 선배님들도 몽골어로 된 책을 기증해주는 사람도 있고 몽골어책을 사라고 기금을 내는 사람도 있다. 정말 감사하다. 한국에서 단체로 여행을 올 때 감명 깊게 읽은 책을 가져와서 기증해 달라고 부탁했더니 다들 기쁜 마음으로 책을 가지고 왔다. 3P 자기경영연구소에서는 몽골 나비가 잘했다고 후원금도 두둑하게 주시고 씨앗도 서도 넘치도록 보내주셨다. 이렇게 받은 사랑으로 어떻게 갚아야 할지 감사한 마음뿐이다. 이번에 나비 사무실을 확장하여 이사할 때 책이 너무 많아서 이삿짐센터에 정말 미안하기까지 했다. 처음에는 책이 없어서 한국에서 책이 오기까지 2주 동안 기다려야 했고 그 책을 빌려 가면 자기 차례가

오기까지 서로 기한을 독촉하여 읽기도 했다. 그런데 이렇게 많은 책의 축복을 받으니 이제는 몽골 전역에 흘려보내야 할 때가 되었다. 몽골 전역에 300개의 작은 도서관을 짓고 5000개의 나비모임을 만들기 위해 노력할 것이다.

나는 나비 모임을 시작하여 꾸준히 책을 읽었다. 하루에 한 시간 책 읽기를 실천한 거다. 그랬더니 첫해에는 50권을 읽을 수 있었다. 둘째 해에는 100권을 읽게 되었다. 책 읽기 프로젝트로 서로 힘을 실어 주었더니 올해는 200권 목표에 150권을 읽었다. 3년 만에 총 300권을 읽은 것이다. 내 평생에 이런 일이 없었다. 내년까지 300권 목표를 세워볼까 하는 마음이 든다. 독서를 하고 나서 토야와 어드너에게 감동적인 이야기를 했을 때 이들은 어김없이 초롱초롱한 눈망울로 나의 눈을 쏘아 보는 것 같았다. 내가 하는 말을 하나라도 놓치지 않겠다는 각오로 경청하는 이들을 보면서 정말 나도 저렇게 배워야 할 텐데라는 생각이 들었다. 몽골이 아무리 추워도 나비에 오면 독서의 열정으로 따뜻했다.

몽골에서 나비에 다닌 지 4년이 훌쩍 지나갔다. 내가 마음속에서 '이거 다'라고 생각한 것이 있다면 바로 나비 독서 모임이다. 4년 전 누군가의 권유로 참석하기 시작한 나비 독서 모임은 추운 몽골에서 버틸 수 있도록 몽골을 따뜻하게 만들었다. 아무리 힘들어도 이 자리만은 지키자는 각오로 참석하기 시작했다. 독서 모임에 참석하는데 왜 각오를 해야 할까? 그 이유는 토요일 아침 6시 40분에 모임이 시작했기 때문이었다. 비록 지금은 겨울이 너무 추워서 시작 시간을 7시로 바꿨지만 사실 토요일 아침에 일어나는 것이 너무 어려웠다. 한겨울 몽골의 추위는 영하 40도까지도 내려가기 때문에 생존의 위험을 감수하고 참석해야 한다. 그래도 일단 참석하면 나의 정신이 살기 때문에 나비 모임을 선택한 것이다. 이러한 의지가 '아침형 인간'으로 거듭나게 했다. 나의 변화를 보던 아내가 토요일 아침에 나를 깨워주기도 했다. 정말 가기 싫은 마음이 들 때 아내가 "오늘을 나비 안가?" 하면서 나를 떠밀었다. 우리는 재미있게 다양한 프로그램을 만들었다. 코로나 때는 돈을 걸고 30일 성경 구절 암송을 하기도 하고 30일 블로그 쓰기도 했다. 이런 심박한 이벤트가 진행되면서 하루하루가 얼마나 다이나믹한지 나비 모임에 참석하지 않는 이들에게 까지도 부러움을 살 정도로 '선한 영향력'을 끼치고 있었다.

하나님께서 나를 몽골로 보내시고 나비 선배님들과 동역하게 하셨다. 우리는 지난 4년 동안 하나님께서 하시는 일을 보았다. 우리 나비를 통해 이루신 일을 이 책을 통해 알리게 되었다. 이 책은 동역의 역사이다. 하나님께서는 집단 지성을 사용하시기 원하신다. 우리가 성령 안에서 한마음 품기를 원하셨다. 각자 하는 일이 다르지만, 성경처럼 하나의 주제로 한목소리를 낸다는 것이 이 책이 다른 책과 구별되는 차별점이다. 우리는 각각 다른 교파에 다른 단체에 소속되어 있다. 이 일을 자기 일처럼 돌보기 위해 마음을 모았다. 물론 한 사람의 뛰어남도 의미가 있지만 만 12명이 하나가 된 나비는 집단 지성을 이용하여 한 사람이 도저히 흉내를 낼 수 없는 아름다운 날갯짓 하고 있다.

chapter 8

함께 젓는 희망의 날개짓

★

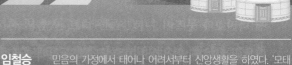

임철승　믿음의 가정에서 태어나 어려서부터 신앙생활을 하였다. '모태신앙'으로 자란 크리스천 대부분이 그러하듯(?) 나 역시 '목회자'나 '선교사'가 아닌 믿음 좋은 성공한 평신도가 되는 것이 꿈이었다. 꿈을 향해 성실히 스펙을 쌓아가고 있던 20대 후반의 어느 날 하나님께서 '선교사'로 부르신다. 불길한 예감은 틀린 적이 없다고 했던가! 왠지 그러실 것 같아 애써 외면하며 피해 다녔는데! 올 것이 오고야 만 것이다. 하지만 이상하게도 '실망감'이나 '반항심'보다는 내가? 왜 하필 나 같은 사람을? 잘할 수 있을까? 라는 낮아지고 겸허한 마음으로 부르심에 순종하여 한국 침례신학대학교 신학대학원에 입학하여 신학을 공부하였다. 졸업 후 수원중앙침례교회(고명진 목사)에서 10년간 사역한 뒤 가족과 함께 몽골 선교사로 파송되었다. 전도 폭발 훈련, 1대1 제자훈련, 교회 개척 및 건축 관련 사역을 하고 있다.

역설의 삶을 사는 곳 '몽골'

영하 40도의 온도는 어떨까? 물을 담은 컵을 밖에 놓으면 몇 분 만에 얼음이 될까? 궁금해서 창문을 열고 창가에 물컵을 놓고 실험을 해본 적도 있었다. 몽골은 유난히 겨울이 춥고 길다. 그래서일까? 무려 8개월간(9월 15일~5월 15일) 동안 나라에서 난방을 해주는 나라가 몽골이다. 난방비도 정말 저렴하다. 그 덕분에 실내에서는 반팔과 반바지 차림으로 겨울을 날 수 있다. 재미있는 것은 몽골에서는 차들도 두꺼운 옷을 입어야 동상(?)에 걸리지 않고 무탈하게 겨울을 날 수 있다. 처음엔 이런 모습들이 낯설고 신기했다.

몽골의 겨울을 지내다 보면 날씨보다 더 힘든 것이 있다. 난방을 위해 밤새 발전소와 게르몽골 전통 가옥에서 태운 석탄과 온갖 연료들(쓰레기들과 심지어는 고무와 폐타이어까지 태운다고 함)로 인해 매캐한 냄새와 온통 잿빛 연기가 하늘과 땅을 덮고 있는데, 울란바타르가 분지이다 보니 바람이 불지 않는 한, 이 연기가 몇 날 며칠을 그대로 머물러 있다. 이 연기가 창틈을 뚫고 들어오지 못하도록 전쟁 아닌 전쟁을 해야 하는 곳이 나와 가족이 사는 나라 '몽골'이다. 어쩌면 지구상에서 가장 춥고 대기오염이 심각한 나라 중 한

곳에서 사고 있는 지금 역설적이게도 나는 가장 뜨겁고 향기 나는 삶을 살고 있다.

'몽골' 하면 무엇이 떠오르시나요?

몽골에 온 지 얼마 되지 않아 한국에 계신 아버지가 이런 말씀을 하신 적이 있다. "예전에는 TV에서 몽골에 관한 이야기가 나와도 관심이 없었는데, 이제는 몽골 이야기만 나오면 눈이 먼저 가고 이상하게 끝까지 보게 되더라" 선교사의 부모도 선교사나 다름없다. 그래서일까? 나에게 몽골 하면 푸른 초원, 맑은 하늘, 밤하늘의 쏟아지는 별들과 은하수도 떠오르지만 가장 선명하게 떠오르는 한 분이 있다. 2년 전에 심장 암으로 갑작스럽게 세상을 떠나 하나님 품으로 돌아가신 장모님이다.

장모님의 몽골 사랑은 남달랐다. 우리 가정이 처음 몽골에 와서 정착하고 적응하는 4년 동안 무려 5번이나 몽골을 다녀가셨다. 수족 냉증이 있어서 겨울에는 두꺼운 솜 양말을 신지 않으면 발과 종아리에 두드러기가 생기는 희소병이 있으셔서 겨울나기를 유난히 힘들어하시고 추위를 싫어하셨지만, 몽골에 다녀간 5번 중 무려 4번을 추운 겨울과 늦가을에 다녀가셨다. 오셔서 현지인 교회 지도자 세미나, 교회 개척 예배, 선교사 격려 및 위로 등 쉬지 않고 사랑과 섬김의 본을 보여주셨다. 선교사가 된 딸 가정을 통해 알게 된 몽골. 그러나 몽골을 알고 난 후에는 선교사와 동일한 마음으로 몽골을 품고 몽골을 위해 기도하며 사셨던 분, 생필품이나 옷가지가 생길 때면 어김없이 전화하셔서 필요를 물어보셨고, 사역에 대한 요청을 드리면 열 일을 제쳐두고 오셔서 섬겨주셨던 어머님. 몽골 선교사인 우리 부부보다 더 몽골을 사랑으로 섬겨주셨던 분이셨다. 다섯 번째 몽골에 오셨을 때 웃으시며 말씀하시던 모습이 아직도 눈앞에 선하다. "한 번만 더 몽골에 왔다 가면 복수 여권이 발급된대"라며 어린아이처럼 무척이나 기뻐하셨던 장모님. 심장 암 발병으로 인해 그 발걸음은 멈추었지만, 이곳에 오셔서 뿌린 씨앗들은 하나둘 아름답게 열매를 맺고 있다. 이러한 섬김과 사랑의 마음이 비단 선교사 부모뿐이겠는가! 선교사와 함께 동역하며 후원과 기도로 함께 하는 모든 동역자 한 분 한 분이 진정한 선교사이다.

생소하고 낯선 것들이
익숙해져 갈 무렵

　몽골에 온 지 2년이 채 안 되었을 때의 일이다. 몽골이란 나라를 조금씩 이해하고 환경도 어느 정도 적응이 되어갈 무렵, 너무나 큰 위기를 만났다. 몽골에 와서 지낸 2년 동안 문화와 언어, 기후와 삶의 방식이 좀 다를 뿐 이곳도 사람 사는 곳이고 한국과 별반 다르지 않다는 느낌을 받았다. 생김새도 비슷했고 이질감이 느껴지거나 문화적인 충격들도 없었다. 심지어 한국 사람들이 유독 힘들어하는 몽골 시골의 재래식 화장실을 사용할 때도 밑이 보이지 않을 정도로 까마득한 깊이에 놀라긴 했지만 어릴 적 사용했던 경험이 있어서인지 불편함 없이 사용했다. 생소하고 낯선 것들이 하나둘 익숙해져 갈 무렵, 그때 비로소 큰 위기를 맞게 된다.

　수도 울란바토르에서 650km 떨어진 지방에서 3박 4일간 신학교 사역과 교회 부흥회를 하게 되었다. 사역은 너무나 은혜로웠고, 많은 간증이 쏟아졌다. 그렇게 셋째 날이 되었는데 수업 도중 갑자기 출입문이 열리더니 2명의 몽골 현지인이 들어와 누군가를 찾는 사람처럼 강의실을 쭉 살피더니 우리 한국 선교사가 앉아 있는 곳으로 다가와 사진을 여러 장 찍더니 나가는 것이다. 순간 불길한 예감이 든 우리는 황급히 그곳을 빠져나와 묵고 있던 호텔로 이동했다. 서로 말을 맞추기도 전, 사진을 찍은 직원이 호텔로 찾아와 우리들의 거주증을 압수했고, 우리는 곧바로 관리소로 불려가 조사를 받았다. 알고 보니 그 사람은 소위 '공안'이라 일컫는 '출입국 관리소' 직원이었다.

'중보기도'를 아시나요?

처음엔 우리 모두 상황을 심각하게 받아들이지 않았다. 출입국 관리소 직원이 현장에 왔을 때 우리는 강의를 하고 있지 않았고, 뒤쪽에 조용히 앉아 있었기 때문이다. '훈방 조치'정도 받지 않을까? 라고 생각했다.

그렇게 큰 위기감을 느끼지 못하고 거주증을 다시 돌려받기만을 기다리고 있을 때 우리를 조사한 출입국 관리소 직원은 백방으로 뛰며 그동안 우리가 몽골에 와서 한 행적들을 조사하며 추방의 문턱 앞까지 우리를 끌고 가고 있었고, 눈 깜짝할 사이에 추방될 수밖에 없는 완벽한 상황에 놓이게 되었다.

우리의 힘으로 어떻게 할 수 없는 위기의 상황, 심지어 '기도'조차 나오지 않는 암담한 상황 속에서 우리를 살린 것은 놀랍게도'기도'였다. 가족들의 눈물 기도, 교회와 동역자들의 밤 기도와 새벽기도 그리고 우리에게 가장 극적인 도움을 주셨던 영사님과 그분의 부인되시는 집사님께서 금식하며 드렸던 기도. 이 '기도'가 우리를 살렸다. 이 일을 겪은 후 다니엘서에 나오는 '다니엘의 세친구 이야기'가 우리의 간증이 되었다. 맹렬히 타오르는 화덕 불 속에 던져진 세 명의 친구들! 그러나 하나님께서 보내신 천사를 통해 아무런 상처도 입지 않고 천사와 함께 불 속을 거닐었던 세친구, 하나님은 이렇게 '중보기도'를 통해 우리를 건지시고 지켜주셨다.

머리가 아닌 가슴으로……

이 기적과도 같은 사건을 경험하면서 참 많은 생각을 하게 되었다. 가족이 없었더라면, 함께 하는 교회와 동역자들이 없었더라면, 영사님 부부가 없었더라면, 이들의 간절한 기도와 도움이 없었더라면 우리는 과연 어떻게 되었을까? 무사할 수 있었을까? 그리고 하나님께서는 왜 우리를 그렇게 극적인 방법으로 건지셔서 이곳 몽골에 남겨 두셨을까? 그 사건을 겪으며 몽골을 향한 하나님의 마음을 알게 되었고, 우리 가정을 들어 옮겨 심으신 몽골과 이 땅의 영혼들을 머리가 아닌 가슴으로 품게 되었다.

나비모임을
만나다

    큰 위기를 겪은 후 삶에 변화들이 찾아왔다. 긍정적인 변화만 있었던 것은 아니다. 매사에 과도하게 조심하게 되고 수시로 주변을 살피는 버릇이 생겼다. 가장 큰 변화는 몸도 마음도 완전히 위축되어 버린 것이었다. 교회에서 예배를 드리다가도 습관적으로 창밖을 쳐다보게 되고, 현지인 교회에 가면 불안해서 오래 앉아 있을 수가 없었다. 이번 사건으로 인해 소위 '요주의자(블랙 리스트)'가 되어 몽골 출입국 관리소에 이름이 올라갔기 때문에 작고 사소한 문제라도 생기면 어떤 불이익을 당하게 될지 모를 일이었다. 그러다 보니 더 조심하게 되고 점점 위축되어갔다. 홍해가 갈라지는 초자연적인 기적을 경험한 이스라엘 백성이 며칠 후에 마실 물이 없게 되자 하나님을 불평하는 모습이 도대체 이해되지 않았는데 나의 모습을 보니 그들과 전혀 다르지 않았다. 일상이 조금씩 무너지고 하는 일이 없어도 피곤하고 의욕도 열정도 사그라드는 것 같았다. 무언가 삶의 활력소와 돌파구가 필요했던 이 시기에 감사하게도 '3P 바인더'와 '몽골 UB 나비'를 만났다.

운명처럼 느껴지는 사건들

'3P 바인더'를 만난 것은 어쩌면 '운명'과도 같은 것이었다. 나에게는 운명처럼 이루어진 두 번의 사건이 있다. 첫 번째는 내 삶을 통틀어 가장 소중한 만남인데 22년의 기다림 끝에 이루어졌고, 두 번째는 무려 30년 만에 성취되었다.

첫 번째 사건, '적은 대로 이루어지는 기적'

고 1의 어느 봄 일요일 아침, 교회에 나가 예배를 드리던 중 목사님의 한마디가 가슴을 파고들었다. "두리뭉실하게 기도하지 말고 구체적이고 자세하게 기도하세요." 예배 후에 집에 돌아오는 길에도 계속 그 생각뿐이었다. 무엇을 위해 구체적으로 기도할까? 그래! 배우자를 위해 기도하자! 집에 오자마자 메모지를 꺼내 놓고 나의 이상형을 적기 시작했다. 신앙, 외모, 성격, 취미, 비전 등을 적다 보니 7~8가지는 어렵지 않게 술술 적혔다. 몇 개만 더 추가해서 열 가지를 적으면 좋을 것 같아 2~3개를 추가해 열 개 항목까지 적은 다음 '나의 배우자'라고 이름을 붙였다. 성경책 맨 앞 페이지에 붙여놓고 매일 기도했던 것으로 기억한다. 군대에 입대하면서 메모지를 잃어버릴 때까지 열심히 기도했다. 물론 시간이 흐르면서 기도하는 횟수는 줄어들었지만 꾸준하게 기도했다. 그리고 그렇게 적고 기도한 지 22년 만에 놀랍게도 기도한 내용과 딱 맞는 자매를 만나게 되었다. 그때 만난 자매가 지금의 아내이다. '나의 배우자' 내용 중 비전에 관한 부분도 있었는데 아내 또한 동일한 비전이 있었기에 결혼 후 2년 만에 몽골에 선교사로 나올 수 있었다.

두 번째 사건, "너, 책 읽는 거 좋아하니?"

운명처럼 느껴지는 두 번째 사건은 책과 관련된 것이다. 초등학교 4학년 때로 기억한다. 다니고 있던 교회에서 부흥회가 열렸다. 부흥회 강사로 오신 분은 예언 기도를 해주시는 분이셨다. 그 당시의 부흥회는 보통 3~4시간 정도 예배를 드렸다. 긴(?) 예배가 끝이 나면 허기지기도 하고 지쳐서 집으로 돌아갈 만도 한데, 2차전이 시작된다. 한 부류의 성도들은 자리에 남아서 계속 기도하고, 또 한 부류의 성도들은 강사 목회자에게 예언 기도를 받기 위해서 줄을 선다. 나도 어머니의 손에 이끌려 긴 줄에 섰고, 한참을 기다린 후에야 예언 기도를 받을 수 있었다. 강사분께서 나를 위해 기도하신후 입을 여셨다.

"너, 책 읽는 거 좋아하니? 훌륭한 사람이 되려면 책을 많이 읽어야 해! 앞으로 책을 많이 읽도록 해. 알았지~?"

"네. 알겠습니다. 감사합니다."

이게 전부였다. 예언 기도를 받고 좀 황당했다. 책을 많이 읽으라고? 이 것이 예언 기도 맞나? 속으로 기대했던 예언이 아니어서 실망감을 가지고 집으로 돌아갔다. 그 후로 30여 년이 지나고 산 넘고 물 넘고 바다 건너 몽 골에 와서야 깨달았다. 그때 주신 예언이 나의 꿈과 미래에 관한 내용이었 고, 그 예언 기도로 인해 이곳 몽골에서 '나비모임'을 만나게 되었음을……

나는 오늘도 나비모임에 간다

나비모임을 만나면서 많은 변화가 있었다. 가장 큰 변화는 앞으로가 더 기대되는 삶으로 바뀌었다는 것이다. 나비모임 선배님들과 함께 있으면 기 분이 좋고 힘이 날 뿐 아니라 큰 동기부여가 된다. 부단히 자신을 계발하고 힘에 겨운 과제도 과감하게 도전하며 아낌없이 나눠주는 모습은 서로에게 긍정적인 자극을 준다. 자신에게 유익이 되었던 부분은 공동체의 유익이 될 수 있도록 힘쓰고 '공부해서 남을 주자'라는 모토대로 서로가 서로에게 선 한 영향력과 에너지를 공급한다. 힘들어도 모임에 나가려고 하는 이유가 여 기에 있다. 5년, 10년 후 이 모임이 어떤 모습으로 변해 있을지! 어떤 놀라 운 일들을 경험하게 될지! 함께했던 우리들의 삶과 공동체의 모습은 어떨 지! 정말로 기대가 된다. 그리고 그런 기대감으로 오늘도 열심히 책을 읽고 나비모임에 간다.

"나는 이 자동차를 만든 헨리 포드라오."

우리는 누구나 다 변화를 꿈꾼다. 어제보다 나은 오늘, 오늘보다 멋진 내일. 하지만 그런 변화를 경험한 사람은 의외로 많지 않다. 왜일까? 변화는 '마음먹기'가 아닌 '실천하기'의 문제이기 때문이다. 변화를 위해서는 감내해야 할 부분이 분명히 있다. 아무런 과정 없이 결과가 나올 수는 없다. 때로는 수고와 희생이 뒤따른다. 하지만 어느 누가 수고와 희생을 좋아하겠는가? 고통을 기뻐할 사람이 과연 있겠는가? 나 또한 누구보다 간절하게 변화를 원했지만, '희생은 원치 않았다. 값을 덜 치르고 얻을 수 있는 더 좋은 방법은 없을까?'를 고민하며 쉽고 편한 방법만을 찾아다녔다.

어려운 문제를 만났을 때 그 문제를 해결하기 위해 여러 방법을 써보고 다양한 노력을 해본 경험이 있을 것이다. 그 많은 방법 중에 어떤 것이 가장 도움이 되었는지 생각해보라. 나의 경우, 가장 큰 도움이 되었던 것은 상상을 초월하는 방법이나 기발한 아이디어가 아니었다. 누군가 비슷한 문제로 씨름하면서 깨달은 작은 경험, 그 경험에서 나온 조언 한마디가 가장 큰 도움이 되었다.

어느 추운 겨울날, 젊은 자동차 정비사가 차를 몰고 출근하는데 얼마 못 가서 엔진이 털털거리더니 멈춰버렸다. 정비사는 차에서 내려 엔진 뚜껑을 열고 고장 원인을 찾기 시작했다. 하지만, 차는 여전히 꿈쩍도 하지 않았다. 그때 세단 하나가 멈춰 서더니 한 노인이 말을 건넸다. "도와드릴까요?" 정비사가 대답했다. "됐어요. 저는 자동차 정비사입니다." 나름 실력이 좋은 정비사였던 젊은이는 노인의 호의를 사양했다. 그리곤 자신만만하게 이곳저곳을 만졌다. 그러나 상당한 시간이 흘렀는데도 젊은이는 고장 난 곳을 찾지 못하고 진땀을 흘렸다. 난감해하는 젊은 정비사를 비켜서게 하고 노인이 엔진의 한 부분을 툭 치더니 말했다. "자, 시동을 걸어보세요." 정비사는 미심쩍은 얼굴로 시동을 걸었다. 그런데 신기하게도 바로 시동이 걸리는 것이었다. 깜짝 놀란 정비사는 노인에게 물었다. "감사합니다. 그런데 어떻게 고장 난 곳을 한 번에 알아보고 고치셨습니까?" 노인은 껄껄 웃으며 말했다. "나는 이 자동차를 만든 헨리 포드라오."

나 또한 삶이 변하게 된 계기가 대단한 결단과 결심의 결과가 아닌 아주 작은 결심과 실천을 통해서였다. 나의 그 작은 실천을 통해 얻은 결과가 현재 고민하며 씨름하지만 풀리지 않아 힘들어하는 누군가에게는 분명 문제를 해결하는 키가 될 수도 있을 것이다. 그런 분들에게 작은 도움이라도 되기를 소원한다.

'100일 33권 읽기 프로젝트'

2019년 10월경에 나비모임에서 프로젝트 하나를 진행하였다. '100일 동안 책 33권 읽기' 프로젝트였는데, 나에게는 참 쉽지 않은 도전이었다. 왜냐하면, 지금까지 한 번도 해본 적이 없었고, 성공할 것 같지도 않았으며, 괜히 도전했다가 중간에 포기하거나 성공하지 못하면 함께하는 멤버들에게도 본이 되지 않고 분위기만 망칠 수 있다는 부담감 때문이었다. 100일 동안 33권을 읽으려면 3일에 한 권씩 읽어야 하는데 평소 나의 책 읽기 습관대로라면 도저히 불가능한 일이었다. 하지만 나는 도전했다. 그리고 100일 동안 정확히 33권의 책을 읽었다. 이 성취 이후로 책에 대한 나의 편견이 깨지고, 생각이 바뀌었으며, 생활 습관까지 바뀌었다. 몽골에 온 지 어느덧 7년이 된 지금, 처음 몽골에 왔을 때를 생각해보면 그때와는 비교도 안 될 정도로 바빠졌고, 많은 일을 하고 있다. 하지만 지금 나는 매일 30분 이상 책을 읽고 틈틈이 글도 쓰고 있다. 100일 33권 프로젝트 성공 이후 나의 삶에 찾아온 변화이다.

'To Do List' vs 'Not To Do List'

　자기계발을 위한 많은 도구가 있지만, 나비모임에서 강조하는 2가지는 '책 읽기'와 '바인더(다이어리) 쓰기'이다. 책 읽는 것은 "100일 33권 프로젝트"도전에 성공하면서 조금씩 삶의 한 부분으로 자리 잡았지만, 바인더 쓰기는 아무리 노력해도 좀처럼 해결되지 않았다. 바인더를 써본 사람이라면 공감할 것이다. 바인더를 쓰는 것 자체가 또 하나의 일이 되어버렸고, 매일매일 해야 할 일들(To Do List)을 미리 적고 마무리가 된 일은 'x' 표를 하는데 'x'표를 하지 못한 채로 지나가는 일들이 많았다. 계획하고 목표한 대로 안 되는 날들이 많아지고, 매일 새롭게 결심하지만 내 의지와는 다르게 번번이 실패하는 모습을 보면서 좌절하기도 했다. 시간을 관리하면서 작은 성취감을 맛보기 위해 시작한 일이 나에 대한 실망과 그로 인한 스트레스로 돌아왔다. 이러려고 내가 바인더를 썼나? 짜증이 밀려오기도 하고 차라리 쓰지 말자며 바인더를 한쪽 구석에 던져 넣는 일도 많았다.

　그러면서 곰곰이 생각해보았다. 왜 나는 번번이 실패하는 걸까? 의지의 문제인가? 기질적인 문제인가? 아니면 정말 시간이 부족해서인가? 고민 끝에 내리게 된 결론은 '시간 관리'문제였다. 하지 않아도 되는 일에 너무나 많은 시간을 낭비하고 있었다. 특히 핸드폰을 보면서 보내는 시간이 너무 많았다. 밥을 먹을 때도 이동 중에도 업무 중에도 끊임없이 핸드폰으로 기사나 이슈를 검색하고 늘 문자나 카톡을 체크 했다. 그것을 깨닫고는 'Not To Do List'를 작성하게 되었다. 'Not To Do List'는 'To Do List'의 반대 개념이다. 'To Do List'는 해야 할 일들을 적는 것이라면, 'Not To Do List' 는 하지 말아야 할 일들을 적는 것이다. 특별히 나에게 있는 좋지 않은 버릇들, 시간을 낭비하는 행동들을 적는 것이다. 나의 경우 스마트 폰 검색이 시간을 낭비하는 가장 큰 요인이었고, 특히나 밤에 잠자리에 누워서 핸드폰을 보는 좋지 않은 버릇이 있었다. 잠깐 문자나 카톡을 확인한다며 보기 시작한 것이 30분, 1시간 어떤 때는 2시간을 넘기는 일도 많았다. 그 당시 아내가 나에게 호소하듯이 했던 말이 있다. "아이들이 잠들 때까지는 핸드폰을 보지 않았으면 좋겠어요" 오죽했으면 그랬을까? 평소 나를 존중해주고 배려해 주던 아내였지만 부모의 그림자를 보고 자라는 아이들에게 그런 좋지 않은 모습을 보고 배우게 하고 싶지 않았을 것이다. 그런 좋지 않은 버릇들은 시간을 낭비할 뿐만 아니라 다음날까지도 분명히 영향을 미친다. 나의 경우 자정을 넘겨 잠이 들면 새벽에 일어나기가 거의 불가능했다. 힘들게 새벽에 일어나 하루를 시작한다 해도 온종일 비몽사몽 정신이 없었다. 그래서 나는 2가지의 'Not To Do List'를 작성해서 실천했다.

1. 밤 10시 이후 핸드폰 금지
2. 새벽에 일어난 후 1시간 동안 핸드폰 금지

딱 2가지만 실천했는데 정말로 기적처럼 삶에 변화가 일어났다. 핸드폰을 보지 않으니 일찍 잠이 들게 되고, 일찍 잠이 드니 새벽에 일어나기가 훨씬 수월했다. 이른 새벽에 일어났지만 피곤하거나 정신이 몽롱하지 않았고, 오히려 맑은 정신으로 하루를 시작할 수 있었으며, 새벽 시간을 효과적으로 활용할 수 있었다. 새벽에 일어나기 힘들어하는 분들에게 적극적으로 추천하고 싶은 방법이다. 내가 경험한 놀라운 변화를 경험하게 되기를 간절히 바란다.

내 인생의 멘토

내 삶에 크고 작은 영향을 준 분들이 참 많다. "사람이 사람을 만나면 역사가 일어난다"란 명언대로 지금의 나의 모습은 수많은 만남을 통해 이루어진 역사의 산물인지도 모른다. 그런 수많은 만남 중 나에게 가장 큰 영향은 주신 분 3명을 뽑으라고 한다면 나는 예수님, 임종광, 촬스 쉘던 이렇게 세분을 뽑고 싶다. 아버지(임종광)는 나의 인격적인 부분에, 촬스쉘던은 의지적인 부분에 그리고 예수님은 나의 영적인 부분에 가장 큰 영향을 주신 분이다.

아버지(임종광)를 빼고 나머지 2분은 책을 통해 만난 분들이다. 예수님은 성경책을 통해 그리고 촬스 쉘던은 '예수님이라면 어떻게 하셨을까?'란 책을 통해 만났다. 물론 예수님은 성경책 뿐만 아니라 매 순간 만나는 분이긴 하지만 말이다.

엔터테이너 홍진경씨가 자신의 유튜브 채널 "공부왕찐천재 홍진경"에서 이런 이야기를 했는데 크게 공감이 되었다. "우리 라엘이가 진짜 책을 좋아했던 아이예요. 지금은 책에서 핸드폰으로 넘어갔어. 나 그게 되게 마음 아파. 내가 책을 왜 봐야 한다고 생각하냐면 삶이 매 순간이 선택이에요. 글을 많이 읽으면 선택을 잘하게 돼. 조금이라도 더 나은 선택을 하게 해요. 그건 분명해요. 그렇다면 영어 단어 몇 개 더 아는 게 뭐가 중요해요? 사유를 깊이 하고 좋은 선택을 하는 거, 그게 훨씬 더 필요하더라고 살아보니까."

인생은 선택의 연속이다. 책을 통해 옳은 선택을 하게 해주는 값진 인생의 멘토를 많이 만나길 바란다. 그리고 함께 책을 읽고 나눌 수 있는 모임을 속히 만들어 함께 날개를 펴고 훨훨 날길 축복한다.

"책 속에 길이 있다"

사진제공 **최육열**

chapter 9

초원의
들꽃처럼 살아도

전용덕   푸른 청년의 때 소망했던 꿈을 이루기 위해 몽골에 왔다. 현재
는 몽골에서 행복한 가정을 세워가는 가정 사역을 섬기고 있다. 나비모임을
통해 얻은 지혜를 발판으로 몽골의 다음 세대를 위한 작은 도서관 세우기 운
동을 일으키면서 여러 곳의 도서관을 세웠고 매년 한곳씩 세우기를 꿈꾼다.
2014년에 어쩌다 창업한 카페 빈트리(Bean Tree)는 따뜻한 사람을 만나는
공감 플랫폼이 되어가고 있다. '배워서 남 주자'는 인생 모토를 위해 풀러신학
교의 선교학 박사 과정 중에 있다.

구순의 아버지를 두고
몽골로

어린 시절 듣던 유행가 한 소절 "저 푸른 초원 위에 그림 같은 집을 짓고 사랑하는 우리 님과 함께…." 이 노랫말처럼 나는 푸른 초원의 나라 몽골에서 살고 있다. 원래 나의 꿈은 창조적 아이디어를 통해 아름다운 집을 디자인하는 건축가였다. 그래서 대학 시절 전공을 건축학과로 선택했다. 그런데 졸업을 앞두고 건축가의 길이 아닌 선교단체 사역자의 길을 가게 되었다.

당시 한국 사회에서 선교단체의 사역자로 살아간다는 것은 너무나 생소하고 어려운 현실을 마주해야만 하는 일이었다. 가족과 주변 사람이 다 말리고 나섰다. 고정적인 월급 없이 스스로 후원자 그룹을 만들어야만 했기에 그 자체가 가장 큰 도전이었다. 이와 같은 삶을 평생 지속한다는 것은 이십 대 꿈 많던 청년의 눈으로는 불가능하게만 보였다. 그렇게 시작한 소걸음 같은 이 삶은 벌써 햇수로 30년을 넘겼다. 절대적 소명은 상대적 현실을 뛰어넘게 하는 놀라운 힘이 있었다.

한국의 캠퍼스에서 사역자로서 삶을 살아가다가 나는 눈을 열어 한국을 넘어 더 넓은 세상을 향한 꿈을 꾸게 되었다. 열정적으로 살았던 대학 시절 내 인생의 한 부분을 선교에 드리겠다고 소원한 것이 생각이 났다. 그렇지만 정신없이 앞만 보고 달려가다가 비로소 내 주변을 돌아보니 인생의 하프타임이 다가오고 있었고 어머니는 돌아가셨고 홀로 남으신 아버지의 연세가 이미 구순이 되셨다. 선교의 부르심을 받고 막상 선교지로 떠나가려 하니 가장 먼저 연로하신 아버지가 마음에 걸렸다. 그래서 선택한 곳이 몽골이었다. 몽골은 혹시 아버지에게 무슨 일이라도 생기면 바로 돌아갈 수 있는 한국과 비행기로 3시간 거리의 가까운 나라였다.

마침내 몽골로 떠나기로 한 날을 앞두고 고향 마을을 찾아 아버지에게 점심을 대접하면서 마지막 인사를 드렸다. 구순의 아버지는 아들의 손을 붙잡고 너무나 아쉬워하셨고 떨리는 음성으로 "이제 정말 가는구나, 또 언제나 다시 올 수 있겠니?" 말씀하시고 우리 가족들이 보이지 않을 때까지 동구 밖 언덕에 계속 서 계셨다. 몽골에 도착했을 때 늘 아버지가 마음에 쓰였다. 몽골에서 살아간 지 4년이 지난 어느 날 아버지가 위독하시다는 소식을 들었다. 그날 밤 온 가족이 급하게 항공티켓을 구해 다음날 새벽 인천공항에 도착한 그 시각에 급한 마음으로 형에게 전화를 드렸지만, 아버지는 결국 돌아가셨다. 아들이 비행기를 타고 한국으로 날아오고 있다는 소식을 들으시고 이제 되었다고 생각하셨는지 하늘로 떠나가신 것이다. 전화기를 붙들고 나는 자책감과 아쉬움과 함께 심한 통곡을 했다. 요즈음도 몽골에서 행복한 가정을 세워가는 강의를 하면서 아버지에 관한 스토리가 나오면 내 눈에 언제나 눈물이 맺힌다.

몽골에서 내 인생의 관점이 많이 달라졌다. 성공과 성취를 향해 달려온 전반전의 삶을 지나 하프타임의 시기에 몽골에 온 이후 성공보다는 의미에, 받는 것보다는 나누는 것에 인생의 더 큰 가치를 두기로 한 것이다. 지금도 몽골에서 택시를 타면 한국인임을 금방 알아차린 운전기사가 몽골에서 얼마나 살았느냐고 묻곤 한다. 십 년을 더 살았다고 하면 깜짝 놀라면서 몽골과 비교하면 경제적으로 부유한 한국 사람이 이 척박한 몽골 땅에 이토록 오랫동안 살아가고 있음을 의아해한다. 성공만을 위한다면 결코 몽골에 있을 만한 이유는 없다. 내 인생의 가치를 소명과 의미에 두기로 했을 때 몽골은 내게 소중한 곳이고 꿈꾸는 곳이 되었다. 몽골에서 살면서 몽골 가정이 겪는 많은 크고 작은 사연들을 알게 되었다. 그 사연들은 한결같이 다음과 같은 단어들과 연결이 된다. 아버지 부재, 높은 이혼율, 깨어진 가정, 갈등, 알코올 중독과 가정폭력, 방황하는 자녀들, 그리고 회복과 치유. 나는 주로 강의와 나눔을 통하여 몽골의 깨어진 가정의 회복을 돕고 행복한 가정을 이루도록 코칭 하는 삶을 살고 있다. 몽골인들보다 많은 것을 알아서도 아니고 모범이 될 만한 삶을 살아서도 아니라 저들보다 인생을 몇 걸음 더 살아왔다는 이유만으로도 나의 실수와 시행착오, 경험과 지혜를 나누는 삶을 감사함으로 살아가고 있다.

겨울에 피는 동백

몽골을 생각하면 어떤 이미지가 가장 먼저 떠오를까? 여름철 푸른 초원일 것이다. 몽골의 여름은 그야말로 푸른 초장 쉴 만한 물가처럼 평화롭고 모든 것을 잊어버리게 만드는 신비로운 매력이 있다. 먼 길, 설렘으로 몽골 여름 여행을 떠나면 컴퓨터의 윈도우 바탕화면과 같은 장면이 끝없이 이어진다. 몽골사람들은 누구나 할 것 없이 여름이면 한 달 이상씩 여름휴가를 가지면서 도심을 떠나 고향 친척 집이 있는 먼 초원길을 떠난다. 여름휴가 일주일을 반짝 내기도 어려운 대한민국의 직장인들이 들으면 기절초풍할 일이다. 몽골인의 여유와 내일 일을 걱정하지 않고 오늘을 즐기는 아날로그적 삶의 방식이 오히려 부러울 때가 있다. 쌀농사를 짓는 정주민은 끊임없이 논밭을 오가며 하늘의 기후를 살피고 내일 일을 미리 준비해야 하고 오랜 시간을 기다려야만 추수의 열매를 얻게 된다. 유목민은 자신이 뿌린 것이 아닌 자연에서 자란 풀과 물을 따라 필요할 때마다 가축과 함께 옮겨 다니기만 하면 먹거리가 해결된다. 집도 마음 드는 자리가 있으면 서너 시간만에 그 자리에 뚝딱 게르를 짓고 살다가 싫증이 나면 다른 곳으로 옮겨 가서 새로운 게르를 세우면 그만이다.

사람은 자신이 보고 싶은 것만 먼저 보고, 듣고 싶어 하는 소리를 골라서 듣는 경향이 있다. 나 자신도 몽골의 푸른 초원과 밤하늘의 은하수, 하늘과 땅 사이에 그림 같이 펼쳐진 게르에 대한 낭만만을 생각한 채 혹독한 몽골의 겨울은 미처 상상하지 못했다. 해마다 여름이면 수많은 외국인이 몽골을 찾는다. 그들이 경험한 가장 아름다운 몽골의 여름은 그 이면에 실재하는 춥고 혹독한 겨울의 몽골을 잊어버리게 하는 마법에 걸리게 한다. 몽골의 겨울은 유난히도 길고 춥다. 전 세계 수도 중에서 울란바타르는 가장 추운 도시이다. 9월이면 첫눈이 내리고 한겨울에는 영하 30도가 넘나든다. 이런 날씨에 십여 분을 걷다 보면 뼛속까지 추위가 들어오는 것처럼 느껴진다. 이처럼 길고 긴 겨울이 오면 나의 삶 속에 잊을 수 없는 스냅사진 한 장이 떠오른다. 가장 추운 겨울에 강렬한 붉은 빛 동백꽃이 피어나는 나는 것처럼, 이 장면은 가장 추웠던 한겨울의 기억 속에 따뜻한 난로처럼 나의 얼어붙은 마음을 따뜻하게 해준다.

몽골에 처음 도착한 지 2년이 지났을 때 몽골인 사역자들을 훈련하는 사역에 참여하게 되었다. 1월 어느 날, 바깥은 영하 30도에 유난히 추운 날이었다. 아침에 훈련센터에 출근하였는데 밖에서 몽골인 여자 사역자들이 문을 두드렸다. 문을 열면서 들어온 세 명의 사역자들과 눈이 마주치는 순간 깜짝 놀랐다. 두꺼운 외투에 모자, 여러 번 둘러싼 목도리 사이로 겨우 보이는 그들의 뺨은 빨갛게 달아올라 있었고 눈썹에는 하얀 서리가 맺혀 있었다. 알고 보니 집은 울란바타르 외곽의 산등성이에 있는 게르에 있었고, 집에서 훈련센터까지 걸어서 산을 내려와서 마을버스를 타고, 또 한참 걸어서 한 시간 이상씩 걸려서 오는 길이었다. 밖이 너무 추우면 숨을 내쉴 때 그 숨기운이 올라가면서 순간적으로 얼어 눈썹 위로 흰 서리가 맺히게 되는 것을 실제로 처음 본 것이다. 그날 이후 이 장면은 내 마음에 각인되어 오랫동안 나만의 기도하는 제목이 되었다.

그로부터 3년이 지난 겨울철, 한국에서 몽골의 한 대학에 몇 일간 강의를 위해 교수님 한 분이 울란바타르를 방문하셨다. 처음 뵙는 분이었지만 지인의 부탁으로 받아 공항 마중을 해드렸고, 교수님은 방문일정을 다 마친 후 내가 사역하는 곳도 둘러보셨다. 한국으로 출국하는 날 공항으로 가는 길에 식당을 들렀는데 그분의 로밍 된 핸드폰으로 문자 한 통이 도착했다. 기상악화로 비행기 출발시각이 몇 시간 지연되었다는 것이다. 삶에서 일어나는 기적은 계획 없이 우연으로 시작되는 일이 많다. 바깥은 춥고 마땅히 그 시간에 다른 곳에 갈 곳도 없고 해서 이런저런 이야기를 긴 시간 함께 나누게 되었다. 떠날 시간이 되자 교수님께서 내게 사역을 하면서 정말 필요한 기도 제목이 있으면 마지막으로 나누어 달라고 하셨다. 그래서 나도 모르게 다른 사람에게 한 번도 나누지 않았던 3년 전에 우연히 경험한 몽골인 사역자들의 상황을 나누게 되었다. 이야기를 나누면서 그때 그 장면이 다시 생각이 나서 뜻하지 않게 울컥했다. 그로부터 3개월이 지난 후 다 잊어버리고 있었는데 교수님에게서 다시 연락이 왔다. 몽골에서 나의 이야기를 들으시고 몇 사람들을 만나 이와 같은 몽골의 상황과 필요를 나누었지만, 누구도 관심을 두지 않았는데 어느 날 교수님의 부인이 이렇게 말씀하셨다. 여보, 당신이 몽골 다녀와서 받은 기도 제목, 관련도 없는 다른 사람들에게 말해 본들 공감도 못 하니, 그 기도 제목, 우리가 기도해 보면 어때요? 이 한마디가 새로운 기적을 만든 것이다. 이 세상에는 소리소문없이 따뜻한 마음을 가지고 사는 사람들이 의외로 많다. 이렇게 두 분이 오랜 시간을 기도하시다가 마음을 정하고 연락을 해 오신 것이었다. 그렇게 해서 2012년 9월에 여자 사역자 7명이 함께 생활할 수 있는 방 3개, 거실이 있는 공동체가 그 교수님 가정의 전적인 후원으로 마련되었고 이름을 미션 홈이라고 붙였다. 지난 십여 년 동안 미션 홈을 거쳐 간 수많은 몽골 사역자들이 하나님이 그분들을 통해 행하신 놀라운 사랑을 기억한다. 미션 홈을 오픈하던 날 처음으로 입주하는 7명의 사역자는 감격했다. 난생처음 자신의 책상에 앉는다고 눈시울을 붉혔다. 누군가에게는 소소하고 평범한 일상이 누군가에게는 특별하고 소중한 순간이 되기도 한다. 사랑은 영하 30도의 겨울도 따뜻하게 만든다.

익숙한 것과의 결별

디지털 마인드로 분초를 다투며 살아온 한국인들이 몽골인과의 관계에서 항상 스트레스를 받는 것은 서로 간의 너무 다른 시간개념이다. 약속한 시각의 30분이 지나도 나타나지 않고 늦게 와서는 미안하다는 말도 없다. 유목민들의 시간개념 속에는 오전 오후가 대략 있을 뿐이고 너무나 넓고 광활한 대자연 속에서 무슨 일을 만날지 모르기에 시간적 개념이 우리와 다르기 때문이다. 처음으로 몽골인의 결혼식에 초대를 받아 간 적이 있었다. 두 장의 초대권을 받았는데 한 장은 오전의 결혼 예식이었고 또 한 장은 오후의 리셉션 초대장이었다. 오전 11시 정각에 맞추어 결혼식장에 도착했는데 사람들이 별로 안 왔다. 11시 40분 정도가 되어 어느 정도 사람들이 모이니 비로소 결혼식이 시작되었다. 리셉션 시간이 오후 3시인데 고민이 생겼다. 그래서 오후 3시 30분에 가기로 하고 리셉션 장소에 도착했는데 모든 손님이 이미 다 와서 식사하고 있었다. 오랜 세월이 지났지만 지금도 결혼식을 가려면 도대체 어느 시간대에 가야 할지 아직도 헷갈린다. 하여간 몽골의 여름은 정지된 시간이다. 그리고 너무나 빠르게 그 시간이 흘러가 버린다. 몽골인 들은 달아나는 여름을 붙잡아 두려고 한 달 두 달씩 시골에 원 없이 쉬었다가 도시로 돌아오면 이미 가을이 되어 9월에는 첫눈을 만난다. 여름과 겨울이 반복되다 보니 상대적으로 세월이 빠르게 흘렀다.

흐르는 시간은 나도 모르게 낯선 환경과 문화에 서서히 적응하게 해주었다. "우리가 변화를 두려워하는 것은 바라지 않아서가 아니라 익숙한 생활이 주는 기득권을 잃어버릴까 봐 두려워서이며 일상생활의 편안함을 놓치기 싫어서이다." 구본형의 책 '익숙한 것과의 결별'에서 나오는 내용이다. 사람은 적응력이 뛰어난 것 같다. 새로운 환경에 매우 빠르게 적응한다. 오히려 변화해야 할 시기에 변화하지 않고 그 현실의 편안함에 적응해버리고 쉽게 안주하기도 한다. 2008년 몽골에 처음 왔을 때 아이폰이 막 세상에 등장한 시기였다. 당시 휴대 전화는 노키아가 세계 시장의 40%를 차지하고 있었다. 아이폰의 등장으로 세상은 점차 스마트폰으로 패러다임의 대전환이 일어나는 조짐을 보였지만, 노키아는 세상의 변화를 감지하지 못했다. 자신의 성공에 도취한 채 결국 노키아는 몰락하고 말았다. 변화를 읽지 못한 채 현실에 안주하였기 때문이다. 내게도 익숙함과 편안함으로 오늘에 만족하고 안주하던 긴 시간이 제법 있었다.

몽골 초기 적응기에는 여행객처럼 모든 것이 신기하고 날마다 새로운 스토리를 경험하면서 재미와 드라마틱한 하루하루였다. 가끔은 고국에 대한 그리움이 갑자기 일어날 때도 있었다. 가족들과 친구들이 보고 싶고 언어와 문화의 장벽을 느끼지 않고 열정적으로 살았던 한국에서의 삶이 그리워졌다. 당시 울란바타르에 운행하는 대중버스는 대부분 한국에서 건너온 것들이었다. 재미있는 것은 버스 노선도와 광고판이 한국어 그대로 남아있었다. 심지어 '경로석' '벨을 누르세요!'가 한글 그대로였다. 어느 날은 향수병이 심했는지 나도 모르게 버스를 탔다. 불광동, 종로, 남대문 노선이 눈에 들어왔다. 몽골에 오기 전 10년간 서울에서 생활하였기에 너무나 익숙한 이름들이었다. 울란바타르 시내를 달리는 버스 안에서 다음 정류소가 종로3가인 줄 상상하기도 하였다.

적응하기 어려웠던 음식과 문화, 언어와 생활환경도 점차 익숙해졌다. 어느새 불편하고 불평했던 많은 것들이 내 생활의 일부가 되었다. 한 해, 두 해 세월이 금방 흘러갔다. 나도 모르게 몽골 생활이 너무도 익숙해졌지만 내 영혼의 시계가 멈추어져 가는 모습을 서서히 보게 되었다. 사역과 봉사하는 일을 하면서 끊임없이 퍼줄 것은 많은데 공급받는 것이 없는 삶이 반복되면서 내 속의 에너지가 점차 고갈되고 있었으나 재충전은 쉽지 않았다. 책을 구하기도 어려웠고 매일의 반복되는 일상은 습관적 루틴이 되어 어느새 매너리즘이 찾아왔다. 그렇다고 열심히 살지 않은 것도 아니었다. 부지런히 뛰고 있었지만, 제자리에서 열심히 뛰기만 했기에 결과적으로 성장이 없었다. 익숙한 것과의 결별이 필요한 시간임을 느끼고 있었지만, 삶의 새로운 변화에 도전하기보다는 주어진 현실에 안주한 채 해야 할 일만 그때그때 처리하는 것이 더 시급했다. 무엇인가 변화의 모멘텀이 필요했으나 어디서 무엇을 어떻게 시작해야 할지 막연했다.

나비모임과의
새로운 만남

　인생은 만남이다. 누구를 만나는 가에 따라 인생이 달라진다. 변화의 목마름이 있을 때 새로운 만남의 기회가 오고 있음을 알아차리게 된다. 2018년 여름에 강규형 대표가 몽골에 와서 3P 바인더 강의를 하신다는 소식을 듣게 되었다. 한국과 몽골은 지리적으로 가까워서 웬만한 유명 강사들은 한번씩 다녀가는 곳이지만 선교에 관련된 세미나가 대다수였다. 강규형 대표가 개최하는 세미나는 독특했다. 선교와 관련된 주제가 아니라 자기경영 세미나이고 3P바인더와 책 읽기가 핵심이란 점이 매우 인상적이었다. 무엇보다 세미나 이후 '나비모임'이라는 독서 모임을 만들어 회원들이 일주일에 한두 권씩 책을 읽으면서 나눔을 통한 자기 성장을 이룬다는 점이 설득력이 있었다.

　그해 여름 3P세미나에 참석을 하게 되었고 함께 참여하였던 한국 사람 몇 분들과 변화와 성장은 나로부터 비롯된다는 'UB 나비모임'을 의기투합하여 결성하였다. 그리고 나비모임을 토요일 아침부터 매주 하자는 결의를 했다. 내가 몽골에 머물던 10년 동안 읽은 책이 몇십 권 되지 않았는데 그 세월 동안 한국의 도시마다 만들어진 나비모임에서 수많은 사람이 매주 아침을 깨우며 책을 읽고 성장하고 있다는 소식이 꽤 충격적이었다. 성장이 멈춘 채 바쁘게만 살아왔던 잃어버린 지난날들이 야속했다.

당시 나는 선교사역과 함께 카페 빈트리를 창업하여 경영하고 있었다. 몽골에 온 지 6년이 되던 2014년 여름에 어쩌다가 시작한 카페였다. 몽골에 올 때 카페를 계획한 적도, 전에 이와 같은 일을 해본 적도 없었으나 카페를 열기까지 소설 같은 스토리가 있었다. 다음에 기회가 되어 책을 출판하게 되면 그 책의 제목은 '어쩌다 몽골에서 카페를' 이다. 카페를 열면서 다섯 가지의 가치를 세웠는데 CCMGSConnection, Community, Mission, Giving, Sharing라고 불렀다. 이중 Sharing은 몽골 최초의 지식 나눔 카페를 의미하는 것이었다. 나비모임을 시작하자고 뜻을 모으면서 나는 선뜻 카페 공간을 나비모임을 위해 제공하기로 했다. 공간은 의식을 지배하며 영향을 미친다. 새로운 변화를 위해서는 새로운 환경적 요소도 중요하다. 새 술은 새 부대에 담아야 하는 것처럼 처음으로 태동하는 UB 나비모임의 환경은 카페에서 시작되면 성공적인 모임으로 자리 잡게 하는 데 효과적이라는 판단을 하였다. 그렇게 시작된 빈트리에서의 나비모임은 지금까지도 몇 년째 매주 토요일 아침마다 계속되고 있다. 비가 오나 눈이 오나 영하 30도의 추위에서도, 코로나로 락다운이 몇 차례 이루어졌을 때는 온라인으로 나비모임은 계속되었다. 나비모임

은 새로운 나비 언어로 변화를 하고자 하는 우리의 마음속에 작은 불씨를
일으켰다. 작심삼일은 결심한 지 삼 일 만에 포기하고 싶을 때, 삼일마다 새
로운 결심을 다시 하면 된다는 지속성의 비결을 알려 주었고, 적자생존은
적어야 생존한다는 새로운 해석의 지경을 넓혀주었다. 본깨적은 보고 깨닫
고 적용한다는 책 읽기의 황금률을 직관적으로 가르쳐 주었다.

나비효과

헬라어에는 시간이라는 단어를 두 가지로 다르게 사용한다. 흘러가는 시
간은 '크로노스'라고 하고, 기회의 시간은 '카이로스'라고 부른다. 누구에게
나 공평하게 하루 24시간이라는 크로노스의 시간이 주어진다. 반면에 흘러
가는 크로노스의 시간 안에 카이로스의 시간이 찾아온다. 그리스 신화에서
카이로스는 신비로운 사람의 형상을 가진 것으로 묘사된다. 앞이마에만 한
움큼의 머리카락만 있고 나머지는 대머리이고 등에는 길고 넓은 양 날개를
가졌다. 기회opportunity라는 카이로스가 내 앞에 나타났을 때 내 손을 뻗어
그 머리카락을 붙잡지 않으면 카이로스는 큰 날갯짓을 하며 내 곁을 지나
빠르게 훨훨 날아가 버린다. 기회는 갑자기 찾아오는 것이지만 붙잡지 않으
면 쉽게 놓쳐버린다는 의미이다. 그래서 성경은 "세월을 아끼라"(making the
most of every opportunity 에베소서 5:18)라고 하였다.

나비모임은 내게 주어진 카이로스의 시간이었다. 독서는 나를 성장시키
고, 나의 관점에 새로운 변화를 주었다. 책 속에서 만나는 수많은 사람과 스
토리는 나의 과거를 돌아보게 하고, 현재를 살게 하는 힘을 주며, 미래를 향
해 새로운 꿈을 꾸게 하였다. 긴 시간 매너리즘에 빠져 있었고 변화와 도전

없이 반복되는 일상의 익숙함과 단조로움에 나비모임은 새롭게 꿈꾸는 활력을 불러일으켰다. 일주일에 읽는 한 두 권의 책에서 지혜를 얻고 간접 경험을 하게 되고 시야가 넓어지면서 배움과 삶의 적용이 깊어 갔다. 그리고 이 지혜와 지식을 사람들과 나누는 삶을 사역으로 발전시키고 싶었다. 나비모임에서 배운 배워서 남 주자는 인생 모토는 지경을 넓혀 '작은 도서관 세우기'라는 새로운 나비효과로 퍼져가는 계기가 되었다.

유목민의 DNA를 가진 몽골인은 책을 잘 읽지 않는다. 바람 따라 구름 따라 계절마다 이동해야 하는 유목민은 미니멀 라이프를 지향한다. 이사를 할 때도 시골에서는 말이나 낙타 위에 해체한 게르 등을 얹어 놓고 살림살이 몇 개를 얹어 가면 그만이다. 도시에서도 1t 트럭이나 자동차 위에 이삿짐을 싣고 가면 충분하다. 유목민의 삶 자체가 책과는 거리가 멀고, 기록을 남기는 문화도 아니어서 대부분 집에는 책들이 별로 없다. 지식과 지혜를 얻는 방식도 눈으로 보고 손으로 경험한 것을 통해서 어른들로부터 전수하는 방식이다. 2008년 가을에 한국에서 보낸 20피트 컨테이너 이삿짐이 내가 사는 아파트 마당에 두 달 만에 겨우 도착했다. 동네 사람들이 다 나와서 무슨 구경거리라도 난 것처럼 컨테이너 주변에 모여들어 무척 당황스러웠다. 컨테이너 안에서 한국 사람의 일반적인 살림 도구, 가구 그리고 수백 권의 책들이 쏟아져 나왔다. 사람마다 저마다 수군거리며 무슨 짐이 이렇게 많고 또 책들은 왜 그렇게 많으냐? 등의 표정들이다. 그날 우리는 동네방네에 한국 사람이 엄청난 이삿짐을 가지고 이사 왔다는 소문을 제대로 낸 셈이었다. 미니멀 라이프를 살아가는 저들의 눈에는 이해되지 않는 광경이었을 것이다.

작은 도서관
세우기

나비효과라는 말이 있다. 나비의 작은 날갯짓이 시간의 흐름과 함께 큰 파장을 일으킨다는 의미이다. 매주 토요일마다 나비모임은 열정적으로 모였다. 자발적으로 자기 성장을 위해 모였기에 지속 가능한 모임으로 빠르게 자리 잡아 갔다. 나비 체조와 바인더에 기반을 둔 한 주간의 삶 나누기, 본깨적, 그리고 책 박수로 90분은 금방 가고 그래도 아쉬우면 삼삼오오 커피 타임을 가지면서 교제의 꽃을 피워갔다. 일 년이면 50권의 책을 거뜬히 읽으면서 독서의 내공이 점차 쌓여갔다. 그러다가 몽골 친구들에게도 독서의 중요성과 필요성을 알려 주고 싶었다. 그래서 매주 금요일 오전에 카페에서 'Coffee & Books'라는 코스를 열고 책을 읽어야 하는 이유, 책 읽는 방법 등을 몽골인에게 나누는 새로운 의미 있는 일을 하게 되었다. 이 일을 하다가 더 큰 지혜와 꿈을 얻어서 '작은 도서관'을 세우는 것에 대한 꿈으로 발전하게 되었다. 몇 사람으로 시작한 나비모임이 그 날갯짓으로 바람을 일으키는 저마다의 다양한 나비효과가 조금씩 성과로 나타나기 시작했다.

몽골에 오랫동안 살아오면서 몽골 가정의 실상을 조금씩 알게 되었다.

환경적으로, 경제적으로, 상황적으로 갇혀 있는 아이들의 실상을 보게 되었다. 몽골 인구의 절반인 인구 160만 명이 살아가는 울란바타르를 조금만 벗어나면 산등성이마다 게르가 수없이 밀집되어있는 빈민층 산동네를 만날 수 있다. 그곳에는 정말 먹고 자는 기본적 생존 환경 외에는 문화시설이 거의 없다. 학교를 다녀오면 아이들이 갈 곳이 없다. 그 흔한 피시방도 놀이터도 찾아보기 힘들다. 산등성이에 얼기 설기로 세워진 게르에는 난방과 수도 시설이 없다. 아이들은 하루에도 몇 차례 산 아래로 무거운 물지게를 지고 오르내린다. 겨울철 영하 30도의 추위에 아이들의 부르튼 고사리손은 마음을 저리게 한다. 부모들은 하루의 생계를 위해 도심으로 아침에 나갔다가 저녁때 돌아오곤 하는데 그사이에 아이들은 그야말로 유목민의 가축들처럼 방목이다. 방치된 이 아이들의 마음속에 오늘의 현실을 뛰어넘어 아름다운 미래의 꿈을 꾸게 할 수는 없을까?

빌 게이츠는 "오늘날의 내가 있기까지는 어린 시절 마을의 작은 도서관이 있었다. "고 했다. 영향력 있는 지도자들은 어린 시절 책을 읽으면서 내일의 꿈을 꾸었던 공통점을 가지고 있다. 책을 통해 꿈꾸는 것은 현재 나의 처한 삶과 환경과는 무관하다. 꿈은 누구나 꿀 수 있고 꿈은 현실을 뛰어넘어 미래를 향해 나아가게 한다. 꿈은 제한받지 않고 돈도 들지 않는다. 나는 몽골의 다음 세대가 될 아이들이 책을 통해서 미래의 꿈을 꾸게 하는 데 작은 도움을 주고 싶었다. 비록 오늘 처한 환경이 척박하고 터널 속에 갇힌 것처럼 앞이 보이지 않아도 꿈을 꾸는 순간 현재는 미래로 시선을 옮기게 하고, 꿈을 꾸는 순간 내일을 향해 소망의 걸음을 시작할 수 있기 때문이다. 이와 같은 배경에서 문화적 혜택을 받기 어려운 지역의 아이들을 위한 '작은 도서관 세우기 운동'을 시작하게 되었다.

몽골은 한국과 지리적으로 가까운 이유로 매년 여름마다 수많은 단체에서 봉사활동을 하기 위해 오는 매력적인 나라이다. 나에게도 다양한 단기봉사 팀들이 연결되어 매년 여름마다 많은 사람이 일주일간의 단기봉사 프로젝트로 몽골을 찾곤 하였다. 단기봉사팀을 받아 현장과 연결하는 일을 몇 년 동안 하면서 내 마음속에 한 가지 아쉬움이 있었다. 봉사에 참여하는 분들은 일 년에 한 번뿐인 금쪽같은 여름휴가 일주일을 반납하고 수많은 재정과 열정을 쏟아부으면서 몽골을 찾지만, 이들이 돌아가고 난 이후 아쉽게도 여러 후유증이 남았다. 여전히 미자립 상태의 현지 교회나 NGO, 단체들이 봉사 팀이 떠나가고 난 이후 후속 서비스를 하기에는 역부족이었다. 밀물처럼 몰려왔던 아이들이 봉사 팀이 떠나고 나면 썰물처럼 빠져나갔다. 해마다 반복되는 현상을 어느 날 직시하고 몽골에서도 지속 가능한 봉사의 새로운 패러다임을 제시하고 싶은 생각이 불현듯 일어났다. 나비 독서 모임은 이 생각에 불을 지폈다.

한국 방문길에 단기봉사팀을 보내는 단체를 방문하여 기존의 봉사하는 일과 함께 작은 도서관을 함께 세우는 프로젝트를 제안하였다. 그때 열정적으로 제시한 설득에 사용된 키워드는 지속 가능, 꿈, 다음 세대, 의미, 현지인의 눈높이, 저비용 등이었다. 그렇게 시작된 꿈은 그해에 몽골의 게르 지역에 '작은 도서관'으로 실현되었다. 이렇게 시작된 작은 도서관 프로젝트는 하나둘 도서관을 세우는 열매로 드러났고 아이들의 꿈의 크기도 더불어 커갔다. 나의 꿈은 매년 한 곳의 작은 도서관을 세우는 것이다. 작은 도서관에서 책을 읽으면서 꿈을 키우는 아이 중에 언젠가는 몽골의 빌 게이츠, 테레사 수녀 같은 인물들이 나올 것이다. 이 글을 읽는 독자들 가운데 작은 도서관 프로젝트의 노하우를 알기 원하고 함께 꿈꾸기를 원하는 사람이 있다면 언제든 또 다른 나비효과를 만들어 갈 수 있을 것이다.

초원의 길을 가다 보면 하나의 길이 아닌 여러 갈래의 길이 펼쳐진다. 초원의 길에서 인생을 배우고 새로운 의미를 얻는다. 사르트르는 "인생은 B와 D 사이의 C이다."라고 했다. 출생Birth과 죽음Death 사이에 선택Choice이 있다. 인생은 언제나 선택이다. 내게도 여러 갈래의 인생길이 있었지만 지나온 삶을 되돌아보면 한 가지 길 만을 느리지만, 외길을 고집스럽게 걸어왔다. 몽골의 여름은 매혹적이다. 광활한 푸른 초원에 들어가면 수많은 야생화가 춤을 춘다. 남들이 보기에는 화려하지 않고 진한 향기가 없어 보이는 꽃일지 몰라도 나는 초원의 들판에 피어난 이름 모를 들꽃들이 아름답고 좋다. 해마다 여름이면 들꽃을 한 아름 품고 돌아오는 길에 밤하늘의 은하수를 본다. 내 품에 안겨진 이름 모를 들꽃들이 밤하늘의 별빛을 만나는 순간 소중한 나만의 꽃이 되어 반짝인다. 김춘수 시인의 꽃 "내가 그의 이름을 불러 주기 전에는 그는 다만 하나의 몸짓에 지나지 않았다. 내가 그의 이름을 불러 주었을 때 그는 나에게로 와서 꽃이 되었다."처럼 몽골에서의 나의 소소한 삶에 가치를 붙일 때 나의 삶은 유일한 의미를 지닌 빛나는 별이 된다. 오늘도 나는 이름도 빛도 없이 척박한 초원에서 나만의 작은 날갯짓을 하고 있다. 나로 비롯된 작은 변화는 나와 다른 사람들에게 새로운 꿈을 심어준다. 꿈꾸는 자는 그 꿈 때문에 오늘도 살아갈 이유가 있다.

사진제공 정혜숙

chapter 10

몽골에서
피어난 꿈

정혜숙　50세 늦깎이 선교사로 출발해 축복의 땅 몽골에서 전문인 선교
사인 남편과 19년째 사역을 하고 있다. 몽골로 오기 전 한국에서 과천교회와
동원교회에서 전도사로 사역을 하였다. 몽골 국제 울란바토르대학교에서 한
국어를 가르치고, 울 공예센터장으로 디자인과 학생들을 가르치며 젊은 날
디자이너로 다 이루지 못한 꿈을 이루는 특별한 경험을 했다. 학생상담실장
일을 맡아 학생들의 고민을 들어주는 일도 하였다. 빗방울 화석 아홉 번째 시
집 《야생말들이 툭툭 얼음장을 두드린다》 시집에 작품을 실으며 시인으로 등
단을 할 기회도 얻었다. 지금은 하이링게렐교회(사랑의 빛)목사로 라파 에니
어그램에서 일반 강사로 하늘노래선교단에서 단장으로 활동하며 몽골인들
에게 끊임없이 꿈과 소망을 심는 일을 하고 있다.

꿈꾸는 자의 삶을
향하여

내 안에 '훅'하고 들어온 것은?

　젊다는 것은 그 자체가 무한한 가능성으로 가득 찬 시간이다. 내 젊은 날은 그렇지 않았다. 늘 그늘지고, 우울하고, 비관적이고, 회의적인 날들로 가득 차 있었다. 산다는 것은 매우 흥미롭지 않았다. 살고 싶은 욕망보다 사는 것을 포기하고 싶은 날이 훨씬 더 많았다. 그러던 어느 날 '쨍하고 해 뜰 날 돌아온단다'라는 유행가 가사처럼 내 인생에 '쨍하고 해 뜰 날'이 돌아왔다. 여전히 좌절하고 슬퍼하던 나에게 어느 날 해처럼 큰 존재가 내 마음속으로 '훅'하고 들어온 것이다. 무슨 일이 일어난 것일까? 그 어두운 그림자는 온데간데없고 온통 희망의 빛으로 가득 차 버렸다. 슬퍼하려고 해도 슬퍼지지 않는다. 자책하고 동굴을 파고 들어가야 하는데 이상하다. 빛을 모두 차단하고 어둠 뒤로 숨고 살기를 좋아했었는데, 순간적으로 사람이 이렇게 180도로 바뀔 수 있다는 것을 그때 처음 알았다. 확실한 목표가 생겼다. 뭔가를 하고 싶어졌다. 아니 뭔가 하지 않으면 견딜 수가 없었다. 그런 나를 보며 누구도 말리지 않았다. 말릴 수가 없었다. "너희는 먼저 그의 나라와의를 구하라 그리하면 이 모든 것을 너희에게 더하시리라"라는 말씀을 붙들고 살았다. 이제 '가든지 보내든지' 인생의 목표는 '가든지'로 결정하고 한 길을 달렸다. 너무나 확신에 차서 작은 미동도 없이 바른길을 가고 있음이 보였기에 누구도 말리지 않은 것이다. 24세 늦여름에 일어난 변화다. 그때부터 지금까지 변하지 않고 꾸준히 이 길을 걷고 있다.

시아버님은 진정한 중매인

우리는 84년 12월 15일 결혼을 했다. 노처녀가 될 뻔했는데 30세를 며칠 앞두고 결혼을 하는 바람에 노처녀, 노총각 딱지는 붙지 않았다. 남편은 초등학교 5학년 때 같은 교회를 다녔던 친구다. 동네 한가운데 있는 공동 수도를 운영하는 주인집 아들이다. 친구이었을 뿐 팔짱도 한번 끼어본 적도 없고, 친구 이상의 감정을 넘어간 본 적도 없다.

어느 봄날, 여느 때와 같이 하루 일과를 마치고 집으로 가는 버스를 타려고 잠실 지하도로 내려가고 있었다. 누군가 돌돌 말은 신문으로 '툭' 친다. "야! 오랜만이다.", "그래, 정말 오랜만이네." 이런저런 대화가 잠시 이어졌다. 서로 집으로 가기 위해 지하도를 올라오고, 내려가다가 우연을 가장한 필연적 만남이 시작됐다.

5월에 한 번, 10월에 한 번 만났는데 갑자기 결혼하자며 달려든다. 이유는, 아버지가 편찮으신데 아무래도 그렇게 오래 사실 것 같지 않단다. "혜숙아~ 효도하는 셈 치고 우리 결혼하자!" 갑작스러운 청혼에 당황스러웠다. 정중히 청혼을 거절했다. "난 하고 싶은 일이 많아서 아직은 결혼 생각이 없어." 다짜고짜 "두 가지만 약속해 주면 돼." "하나는, 부모님 공경이고 또 하나는, 형제 우애야", "그 나머지는 네가 하고 싶은 대로 다 해!"라며 적극적으로 청혼을 한다. 결국, 뇌출혈로 두 번째 쓰러지셔서 병원에 누워계신 시아버님 병문안 간 것이 계기가 되었다. 시아버님은 이후 16년을 더 사시다 돌아가셨다.

거센 풍랑이 소망의 항구로

시어머니는 완전 여장부 스타일이시다. 일제 강점기에 일본에서 고등교육을 받으셨다. 당시 사회활동을 하는 여성들이 매우 드물 때 어머니는 왕성한 활동을 하셨다. 생각지도 못한 일이 우리 가정에 불어닥쳤다. 환갑잔치를 마친 후 며칠 지나지 않아 뇌출혈로 쓰러지셨다. 결국, 두 분이 함께 한 방에서 자리를 보존하시다가 열흘 간격으로 앞서거니 뒤서거니 하셨다. 2000년 11월 10일 어머님께서 열흘 후 11월 20일에 아버님도 함께 천국으로 긴 소풍을 떠나셨다. 여기가 고생의 종지부를 찍는 지점인 줄 알았다. 웬걸 이후에도 추락의 끝이 보이지 않았다.

IMF로 인해 남편은 16년 근무했던 직장을 떠나야만 했다. 경제적 위기까지 엎친 데 덮친 상황으로 이어졌다. 언제나 거센 풍랑은 소망의 항구로 가게 하지 않던가? 고난 당한 것이 유익이 되었다. 이어지는 고난과 위기가 젊어 꾸었던 꿈을 이루는 기회와 축복으로 이어졌다.

여기가 우리가 머물 땅이야!

선교의 꿈을 품은 사람은 남편이 아니다. 그러나 얄궂게도 선교지에 발을 먼저 내디딘 사람은 남편이다. 보통 선교지에 나오는 경우 아내와 자녀는 남편과 아빠를 따라 나서는 것이 보편적이다. 우리 가정은 달랐다. 남편은 평범한 교인으로 봉사를 하였고, 나는 20 때부터 사역자의 길을 걸었다. 배려하는 차원에서 선교지 선택권을 남편에게 이양하였다. 남편은 2005년 4월 몽골로 아웃리치를 떠났다. 몽골에 첫발을 내디디며 아무런 고민도 없이 '아, 이곳이 우리가 머물 땅이구나!'라는 생각이 들었단다. 이곳저곳을 둘러 봐도 낯설지 않았단다. 국제 전화가 걸려왔다. "여보, 이곳저곳을 둘러 봐도 전혀 낯설지가 않아. 우리나라 60년대 후반 을지로 거리에 서 있는 것 같아!", "여보, 여기가 우리가 머물 땅이야!"

남편은 대학을 다닐 때 은퇴 이후를 위해 교사 자격증을 취득하였다고 한다. 은퇴 후 시골 학교에 가서 봉사하고 싶은 마음으로 취득한 교사 자격증이 큰 역할을 했다. 은퇴를 조금 앞당겨 몽골에서 한국어를 가르치는 교사가 되었다.

꿈을 심게
하시다

생명 샘이 흐르는 곳

2009년 하이링게렐교회(사랑의 빛)를 개척하였다. 교회가 있는 지역은 울란바토르시에서 손가락으로 꼽을 만큼 가난한 곳이다. 아직도 수돗물을 길어다 먹고, 석탄을 때서 난방을 한다. 몽골은 세계에서 가장 연교차가 큰 나라다. 8개월이나 되는 긴긴 겨울을 가진 나라다. 추운 겨울이 되면 어떤 가정은 석탄을 아끼느라 밤에만 난로를 떼기도 한다. 가난이 사그라뜨리지 못하게 하는 것이 있다. 따뜻한 미소와 정을 빼앗지 못한다. 이 동네에 들어서면 훈훈한 사람 냄새가 멈추지 않는다. 산다는 게 무엇인지 강한 생명력이 전해진다.

이곳에 생명 샘이 흐른다. 병들고, 가난하고, 깨어진 가정들이 즐비하다. 어느 가정은 아이 셋이 아빠가 다 다르다. 어느 가정은 12살 소녀가 성추행을 당했다는 소문도 들려온다. 아이 셋 중 두 아이가 지적장애를 앓고 있기도 하다. 알코올 중독과 도박으로 인해 가정폭력이 멈추지 않고, 가정이 풍비박산이 났다는 소식도 가끔 들려온다. 여기에 교회가 있다는 그것만으로

도 소망이 있다. 하나님 말씀을 듣고, 찬양을 부르고, 성경 구절을 외우고, 피아노를 배우고, 기타를 배우고, 대학에 진학하고, 한국에 유학하러 가는 대학생도 있다. 교회 안에 지역에서 유일한 도서관도 있다. 이들 안에 신앙뿐 아니라 책을 읽고, 자기를 관리하는 법을 가르치고, 좋은 습관을 기를 수 있도록 지도하고 있다. 한 사람의 변화는 국가를 넘나들며 기적이 멈추지 않고 일어나고 있다. 이들을 향한 꿈은 지금 여기서 현재 진행형으로 달리고 있다.

꿈이 현실로
피어나기 위한 시련

최고 운전자의 조건은?

3월 어느 날 깊은 겨울 추위보다 더 추운 일을 만났다. 남편이 섬기는 학교 학생들에게 합창 지도를 하러 가다가 교통사고를 만났다. 지금은 왕복 4차선 도로로 길이 아주 잘 닦여 있다. 당시 왕복 2차선 도로로 평소 승용차뿐 아니라 버스와 중국 국경을 넘나드는 큰 트럭이 뒤섞여 다닌다. 항상 위험이 도사리고 있는 도로다. 몽골 사람들은 운전할 때, 말을 몰듯이 운전을 하는 경향이 있다. 길이 막히면 참지 못한다. 유목민답다. 길이 없는 곳도 길을 만들어서 달린다. 나도 유목민 못지않은 개척자 기질이 다분히 있다. 한국에서도 그랬지만 도로가 막히면 골목골목 길을 개척해서 다닌다. 몽골에서 최고의 운전자 조건을 꼽자면 무조건 방어 운전을 잘해야 한다는 것이다.

신기한 것은 교통사고가 나도 뻔한 사고가 나지 않는다. 사고의 현장을 보면 어떻게 저런 사고가 날 수 있을까 이해가 안 되는 일이 허다하다. 그날 만난 사고도 마찬가지였다. 갑자기 시내버스 뒤에서 오른쪽에 핸들이 달린

하얀 승용차가 추월하면서 사고가 발생했다. 순식간에 내 앞을 향해 돌진하는 것이 보였다. 달려오는 차를 피하고자 피했지만 큰 사고로 이어졌다. 마주 오는 차와 충돌하며 10m 이상 날아가는 기막힌 상황이 벌어졌다.

평소와 다른 예비된 손길

사고로 인해 우리 부부는 크나큰 위기를 만나게 되었다. 사고를 내고 아파서 누워있는 환자만큼 후속처리를 해야 하는 남편도 큰 위기에 처했다. 가해자가 외국인인 것을 안 피해자들은 무섭게 달려들었다. 일단 큰 병원에 가서 검사해야 한다고, 거액의 합의금을 내놓으라고, 사고 차량을 새 차로 사달라며, 요구 사항이 봇물 터지듯 쏟아졌다. 해결할 방안은 이미 우리 손을 떠나 수습이 불가한 수준이다. 결국, 변호사를 선임하여 합의하는 수순을 밟아야 했다.

외국인으로 교통사고를 냈던, 당했던 일단 무조건 불리하다. 그동안 늘 피해자 입장이었음에도 불합리한 처사를 겪었다. 이번에는 가해자가 되었다. 교통사고 담당 경찰관을 만나 가해자와 피해자 모두 조서를 써야 하는 날짜가 다가왔다. 뜻밖의 일이 벌어졌다. 담당 경찰관이 자국민에게 부당한 행위를 한 것에 대하여 크게 핀잔을 주는 것이 아닌가? "당신들 8천 투그릭(몽골통화)이면 될 것을 제일 좋은 병원에 가서 건강 검진을 받고 있는가?", "당장 가서 국립외상병원에 가서 진단서를 떼어 오시오!"

외국에서 이방인으로 살 때 무조건 불합리한 처사를 해도 할 말이 없다. 이번에는 달랐다. 돕는 손길을 예비해 주셨다.

잴 수 없는 사랑

하나님은 뻔한 일을 시행하지 않으신다. 사고 소식이 공동체 단톡방에 올라왔다며 남편이 소식을 전해준다. "여보, 많은 선교사가 당신을 위해 기도하고 있어요!", "어서 힘을 내서 일어날 일만 남았어요!" 마침 선교사 봄 컨퍼런스가 개최되는 기간과 맞물려 있었다. 모인 모든 분이 간절한 기도를 드렸다는 소식도 전해 들린다. 각자 할 수 있는 최선을 보여 주며 위로해 주었다. 기독병원을 운영하는 선교사님은 호스피스 병실을 내주었다. 아들 친구 내외는 한 달 생활비가 될 만한 큰 금액을 위로금으로 내민다. 어떤 젊은 선교사 내외는 부모님이 생각난다며 위로의 편지와 함께 위로금을 두둑이 넣은 봉투를 건넨다. 어느 선교사는 침으로, 어느 선교사는 영양제를 가지고 와서 링거를 놔준다. 일일이 다 표현할 수 없는 사랑의 손길이 닿았다.

"한 사람이면 패하겠거니와 두 사람이면 맞설 수 있나니 세 겹줄은 쉽게 끊어지지 아니하느니라"라는 말씀을 실제로 체험할 수 있었다. 가던 길을 멈추거나 꿈을 충분히 꺾을 수 있었던 사건이지만 든든히 연결된 세 겹줄로 인해 지금 이 시각을 맞이하게 되었다.

독서 나비를 통해
피어난 꿈

연합의 모범

몽골 선교사들은 유독 연합이 잘 된다. 교단과 교파가 다르고, 연령대도 다르고, 사역의 현장도 다르다. 그래도 힘을 합하면 이루지 못하는 일이 없다. 해마다 11월이 되면 회장을 뽑는다. 매월 마지막 주 월요일이면 월례회를 한다. 봄, 가을로 두 번의 컨퍼런스를 개최한다. 무슨 일을 해도 별 잡음 없이 단합이 잘된다.

내가 단장으로 섬기는 하늘노래 선교단은 2006년에 창단되었다. 교단이나 교파를 초월해 찬양으로 복음을 전하기 원하는 여성 선교사들이 모인 합창단이다. 2017년, 2019년 두 번이나 미 동부 지역과 애틀랜타를 방문하여 순회연주회를 하기도 했다. 2018년에는 몽골 현지인 기독 여성 합창단을 창단하는 쾌거도 맛보았다. 3회에 걸쳐 찬송가 경연 대회도 개최하며 교회음악 발전에 기여를 하고 있다. 예수님이 하신 말씀대로 "우리가 하나가 된 것 같이 그들도 하나가 되게 하려 함이라"라고 말씀하신 것을 삶으로 살아내는 선교사들이다.

'유비 독서 나비' 모임도 그중 빼놓을 수 없는 연합의 모범이다. 모임은 매주 토요일 오전 7시에 어김없이 시작된다. 10월이 되면 한국의 한겨울 추위가 시작되면서 꾀가 난다. 혼자 할 수 없는 일을 서로 격려하고 권장하며 230회가 넘도록 모임이 지속하고 있다. 선교사들을 넘어 몽골인을 대상으로 5천 나비를 꿈꾸며 선한 영향력을 지속해서 펼치고 있다. 이전에 감히 도전하지 못했던 많은 일이 나비 모임을 통해 실제로 일어나고 있다.

독서 나비가 가지고 있는 힘

한국에서 몽골 교회를 섬기기 위해 오는 때는 보통 여름이다. 여름은 세계에서 손꼽을 만큼 아름다운 경관과 쾌적한 날씨를 가지고 있는 나라가 몽골이다. 여름에 몽골을 방문하는 사람은 이곳 겨울을 도저히 상상하지 못한다. "이런 곳에서 살아서 너무 좋겠어요! 부러워요!" 그들이 와서 맞이하는 광경은 그야말로 하늘에 끝도 없이 펼쳐진 초원, 구름 기둥, 머리 위에 손에 잡힐 것 같은 쏟아지는 별, 널따란 초원에서 풀을 뜯는 양, 소, 말, 낙타, 야크 떼들이다. 오시는 손님이 날씨를 칭찬하면 질세라 "몽골 여름은 참 짧은 것 아시죠?", "6월에도 눈이 내릴 때가 있는데.", "하루에 사계절을 다 경험할 때도 있어요!", "8월 말이나 9월 초에 눈이 와도 이상하지 않은 나라가 몽골이에요." 애써 몽골 겨울을 인식하도록 애를 쓴다.

몽골은 국가에서 중앙난방을 공급한다. 9월 15일에 난방이 시작되어 이듬해 5월 15일까지 난방이 공급된다. 긴긴 겨울 동안 여름을 동경하며 혹독한 겨울을 이겨낸다. 긴 겨울로 인해 우울증에 시달리는 사람도 적지 않다.

나는 형편상 독서 나비가 시작될 때부터 참여하지 못했다. '3P 바인더 세미나'에 참석한 사람은 남편이 먼저다. 나비 모임 단톡방이 생겨서 뭔가 활발하게 활동한다는 소식을 남편에게 전해 들었다. 참석해 보고 싶은 마음이 들썩인다. 용기가 없어 적극적으로 표현하지 못하고 차일피일 미루었다. 2019년 여름 어느 날 동료 선교사에게 넌지시 물었다. "나도 참석하고 싶은데, 가도 돼요?", "그럼요! 언제든지 오세요!" 이 말에 용기를 내어 미루던 나비 모임에 참석하였다.

독서 나비 모임은 묘한 힘을 가지고 있다. 긴긴 겨울을 이겨낼 힘도 주고, 바쁜 여름 사역이 핑계가 되지 않도록 하는 힘도 있다.

독서 나비가 선사한 선물

선물을 싫어하는 사람은 없다. 어떤 선물은 받을 때만 기쁘고, 어떤 선물은 볼 때마다 기쁨을 배가시키기도 한다. 겨울방학을 맞이해 우리는 잠시 몽골을 떠났다. 피한도 하고, 손녀들 재롱떠는 것도 보고 싶어서였다. 먼저, 캄보디아에 사는 큰아들네로 발걸음을 옮겨 두 손녀를 만나고 왔다. 이제 몽골로 돌아오려고 준비를 하던 중 작은아들이 어렵게 말을 건넨다. "어머니, 우리 아윤이가 이번 주 방학인데 몽골 가시는 일정 한 주만 늦추시면 안 될까요?" 아들이 어렸을 때 늘 사역을 하느라 함께해 주지 못했던 미안한 마음이 올라왔다. 어렵게 부탁한 만큼 야멸차게 거절하지 못했다. "아버지는 개학해서 가서야 하고, 엄마만 남을게!" 이것이 빌미가 되어 남편과 생이별을 하고 말았다. 코로나가 터져 이산가족으로 서로 오고 갈 수 없게 되었다. 코로나가 만든 실제 상황이다.

그런데, 나비 모임은 멈추지 않았다. 모든 모임이 제재를 받으며 교회도 예배조차 허용되지 않을 때도 마찬가지다. 하늘길이 막혀 오갈 수 없는 상황에서도 나비 모임은 멈춰지지 않았다. 오히려 한 걸음 더 나갔다. 단톡방에 야심 찬 나비 프로젝트를 시작한다고 올라왔다. 한국에서 몽골까지 직접 갈 수 없지만, 나비 프로젝트에 참여는 가능했다. 올리는 선정 도서를 같이 읽고, 블로그에 글쓰기를 따라 할 수 있었다. 나비 모임을 통해 받은 선물은 돈을 주고도 살 수 없는 선물이다. 직접 책을 읽지 않고, 글을 쓰지 않고는 일어나지 않는 일이다. 이 늦은 나이에 새로운 도전이 점점 어려운 나이에 도전할 수 있다는 것은 큰 행복이다. '독서 나비가 가진 힘을 과연 어디까지일까?'

꿈을 키우는 산실

더 힘을 내서 할 일이 있다. 우리 교회가 있는 이곳은 아직도 여전히 생계 문제를 해결하는 것만으로도 벅찬 이들이 모여 산다. 사명과 비전을 품게 하는 일 아이나 어른 누구에게도 쉽지 않다. 더욱이 책을 사서 읽는다는 것은 꿈도 못 꾼다. 그런 이들에게 우리 교회는 꿈을 이루는 산실 역할을 할 수 있다. 나 역시 어린 시절 가난해서 어깨에 물지게를 지고 물을 길어 나르고, 호롱불 밑에서 공부를 하고, 기성회비를 제때 내지 못해 쫓겨 오기도 했다. 그래도 꿈을 꿀 수 있었던 것은 갈 곳이 있었다. 나를 기쁘게 반겨주는 교회가 있었다. 교회에 가서 풍금을 배우고, 문학의 밤을 하고, 회지를 만들며 꿈을 키웠다.

우리 교회에 나오는 아이들은 주일마다 도서관에 꽂혀있는 책을 펴서 손에 들 수 있다. 책을 접할 수 있는 도서관이 있고, 읽을 만한 책이 있다. 우리

교회는 '꿈을 키우는 산실' 역할을 하기에 딱 알맞다. '기적의 노트! 3P 바인더의 비밀'을 알고, '본깨적'을 할 줄 아는 사람으로. 복잡한 가정사가 환경적인 열악함이 이들이 꾸는 꿈을 막을 수 없게 할 것이다. 꿈만 꾸는 자가 아닌 요셉처럼 꿈을 이루며 살도록 바양허서 지역에 사는 아이들을 깨우는 일에 동행하려 한다.

chapter 11

날개를 활짝 펴고
나비처럼 자유롭게 날고
싶은 그대에게

정홍재 스피릿철 가이드, 20년 차 몽골 선교사. 신학생 때 1년 동안 몽골 살아보기를 했다. 초원을 산책하다가, 작고 노란 초원의 꽃이 건네준 메시지를 듣고 소명을 깨닫는다. 몽골 유비 나비 선배님들과 함께 5,000개의 나비 북클럽을 만들어 보겠노라 야무진 꿈을 안고 행복하게 일하고 있다. 현재는 안식년으로 경기도 양평에 있는 모새골(모든 것이 새로워지는 골짜기)에서 렉시오 디비나(거룩한 독서) 수행 중이다.

꿈 Vision 은
이루어진다

'대한민국 짝짝짝 짝짝', '꿈은 이루어진다.'라고 전 국민이 외쳤던 2002년 한국 월드컵. 아직도 그때의 뜨거운 함성이 내 귀에 들린다. 그 뜨거웠던 여름이 지나고, 낙엽 지는 가을이 되었다. 우리 다섯 식구는 고척교회의 후원으로 칭기즈칸의 나라 몽골로 파송을 받았다. 난 왜 몽골로 가게 되었을까? 난 신학생 때 한 조그만 개척교회에 품앗이 전도를 하러 간 적이 있다. 그 교회 목사님은 기도를 참 많이 하시는 분이셨다. 나는 그 교회에서 밝고 분명한 비전을 보았다. 눈을 감고 기도하는데 영화처럼 선명한 환상이 보였다. 러시아와 중국 사이에 있는 땅에 불이 활활 타오르는 비전이었다. 신비로운 체험이었다. 날 위해 목사 사모님이 기도해 주셨다. 사모님은 나를 위해 기도하는데 이런 환상을 봤다고 이야기해 주셨다. "푸른 풀밭에 나비가 날고, 홍재님은 어린이들과 함께 즐겁게 놀며, 행복해하네요." 내 이름은 정홍재다. 우리 할아버지께서 지어주셨다. 이름을 풀어보면, 나라 정, 넓을 홍, 있을 재이다. 나는 넓은 나라에 있을 사람이란 뜻이다.

나는 한반도 크기의 7배나 되는 대초원의 나라 몽골에서 20년을 보냈다. 몽골에 살다가 문득 난 깨달았다. 기도 가운데 본 그 나라가 바로 몽골이었

198

다는 것을 말이다. 나는 나비도서관에서 몽골의 다음 세대인 청년들과 즐겁고, 행복하게 책을 읽으며 지내고 있다. 내 바인더에 적힌 버킷리스트와 비전을 아침마다 읽는다. 그리고 매일 매일 일상을 엔조이하며 살아간다. 내 주변을 어제보다 조금 더 아름다운 곳으로 만들고 싶다. 미래의 일들이 이미 과거에 보인 것은 참으로 신비로운 일이다. 내가 믿는 하나님은 시간과 공간의 제약을 받지 않으신다. 만물을 창조하셨고 지금도 새롭게 창조해 가고 계신다. 선하신 하나님은 창조하신 인간들을 아주 많이 사랑하신다. 그 사랑의 초청을 받고 응답한 사람들은 고난은 있지만 행복하다. 왜냐하면 그 고난을 넉넉히 이길 힘이 있기 때문이다. 나는 그 큰 사랑을 누리며 오늘도 몽골 5000 나비의 꿈을 꾸며 행복한 일상을 산다.

87년 1월 대학교 합격 통지를 전화로 받았다. 다음 날 신체검사를 받으러 갔다. 신체검사 장에서 김창수 선배님을 통해서 나는 하나님의 선물인 영생이란 복음을 들었다. 김창수 선배님은 친절하게 성경의 내용을 요약해서 나에게 설명해 주셨다. 그 선배님은 의학과를 다니셨다. 그 선배님의 인도로 나는 대학교 1, 2학년 때 네비게이토란 기독교 단체에서 제자훈련을 받았다. 그 당시 우리 단체에서는 개인 생활 관리를 위해 바인더를 쓰도록 훈련했다. 또한, 제자훈련을 위해 일대일 전도, 성경 암송, 소책자 읽기 그리고 소그룹 성경 공부를 했다. 난 선배님들과 동기들, 후배들과 함께 성경을 공부하고 토론하는 것이 너무 좋았다. 일방적인 강의식 설교가 아니었다.

성경 본문을 읽고, 관찰하고, 해석하고, 다른 구절과 연결하여 질문하고, 실제 자신의 삶에 적용했다. 어떤 질문을 하느냐에 따라 울림의 강도는 다르게 다가왔다. 그리고 선배님께서 매일 아침 바인더에 시간 계획을 적게 하셨다. 또 아침에 묵상한 성경 말씀을 바인더에 요약 기록하였다. 약 2년 동안 매일 매일 바인더를 썼다. 메모하는 삶이 나에게 좋은 습관으로 자리 잡았다. 이렇게 나의 대학 생활은 아주 체계적이면서도 알차게 채워져 갔다.

몽골 나비도서관에 찾아오는 몽골분들에게 바인더 쓰는 법을 월요일마다 가르쳐 드리고 있다. 자신들의 장점과 꿈꾸는 삶을 바인더에 적다 보면 자신의 비전과 소명을 찾게 된다. 이런 모습을 보는 것이 나의 행복이다. 자신의 사명선언문을 적은 후 시간 관리가 시작되고 새로운 일상이 시작된다. 시간 관리라는 틀을 만들고, 각자의 형편에 맞게 좋은 습관들을 하나씩 넣어주고 있다. 요즘도 매일 저녁 10시에 줌을 통해 코칭이 계속 이루어지고 있다. 바인더에 독서, 운동, 감사 제목, 악기 배우기, 외국어 공부, 큐티, 재정 관리, 감정 코칭을 적고 나누면서 변화되는 몽골인들을 보는 맛은 글자 그대로 굿이다.

고생 끝, 행복 시작의 길을 찾았어요

대학교 2학년 여름 캠프에 대한 기억이 지금도 생생하다. 거창 수성대라는 곳에서 물놀이 하다가 나는 물에 빠져 죽을 뻔했다. 물에 빠지니 온몸에 힘이 들어갔다. 물에서 나오려고 허우적거릴수록 나의 몸은 점점 더 물속으로 빠져들어 갔다. 나는 물을 많이 먹고 그만 기절을 했다. 정말 짧은 찰나의 시간이었다. 지난 22년의 세월이 영화처럼 내 머릿속에서 필름처럼 돌아갔다. 그때 난 생각했다. "아 사람이 죽을 때 이렇게 죽나 보다." 하지만 난 친구의 도움으로 구조를 받았다. 그날 밤 텐트 안에서 나는 잠이 오지 않았다. 죽음이 아주 먼 미래의 일인 줄 알았는데…… 의외로 죽음은 아주 가까운 데 있었다. 하나님이 선물로 주신 남은 인생을 어떻게 살아야 할까?

나는 성경을 읽으며 곰곰이 생각했다. 성서에 "많은 사람을 옳은 데로 인도하는 사람은 하늘의 별과 같이 영원토록 빛나게 될 것이다"라는 말씀이 있다. 그때 내 맘속에 영원을 사모하는 갈망이 있음을 알게 되었다. 그리고 어머니가 갓난아이를 잊지 않지만 혹 인간이라 잊을지라도, 나 여호와 하나님은 너를 잊지 않을 것이고 너의 이름을 내 손바닥에 새겼다는 말씀을 읽고 하나님의 크신 사랑을 깨달았다. 이 사랑의 하나님께 나의 남은 일생을 맡기기로 결단했다. "너를 이방의 빛으로 삼아 하나님의 구원의 빛을 땅끝까지 이르게 하겠다."라는 말씀을 읽고 나는 그날 밤 선교사로 헌신하게 되었다.

몽골 유비 나비모임
이전의 나의 모습

내 안에 있는 콤플렉스가 날 괴롭혀요

　신학대학원 시험을 준비하며 식당에서 아르바이트할 때였다. 나는 즐거운 교회 김철안 목사님의 소개로 아가피아 독서 모임에 참석했었다. 매주 책을 한 권 읽고 독후감을 제출했다. 덕분에 약 20권의 책을 읽고 독후감을 적었다. 하지만 그 모임을 졸업하고 다시 옛날의 삶으로 돌아갔다. 이처럼 나는 일을 시작하면 끝까지 마치질 못한다. 열정적으로 시작한 일도 흥미가 떨어지거나 체력이 떨어지면 바로 그만둔다. 이렇게 용두사미가 된 케이스가 여러 번 반복되다 보니 나에 대한 신뢰가 바닥이었다. 이런 나의 약점이 시간이 지날수록 루틴이 되고 패턴이 되고 습관이 되었다. 빠져나오고 싶은데 빠져나갈 수가 없다. 이 일로 말미암아 나는 나 자신을 신뢰할 수 없게 되었다. 내면의 황폐함이 마치 고비사막 모래 같다. 이런 나 자신을 생각하면 화가 나기도 하고 부끄럽다. 그리고 이것과 맞물려서 내 안에 또 다른 문제가 있었다. 그것은 비교의식이었다. 나는 어릴 때부터 다른 사람과 나 자신을 비교를 많이 했다. 내가 남보다 낫다고 생각하면 목에 힘이 들어가고,

교만함으로 우쭐거렸다. 그런데 상대방이 나보다 낫다, 나보다 탁월하다고 칭찬을 들으면 내 안에서 시기심이 용트림을 시작한다. "나보다 저 사람이 더 낫다고. 흥, 잘났어! 정말. 나도 당신보다 떨어지지 않거든요." 이런 감정이 일어나면 시기심이라는 망치가 내 심장을 강타하곤 했다. 눈알은 이리저리 빠르게 돌아간다. 얼굴은 화끈거리고 배가 아프다. 정말 비교의식과 시기심은 강박관념처럼 나의 무의식에 똬리를 틀었다. 정말 신기하게 남이 나보다 낫다는 생각이 조금만 들면 이 루틴은 즉각적으로, 자동으로 작동되었다. 그때는 이 콤플렉스 패턴이 내 의지와 상관없이 왜 이렇게 빠르게 움직이는지 난 몰랐다. 또 내가 나 자신이 아프다는 자각도 못 했다.

감정이 고장 났나?

또 내 안에 고장 난 한 부분이 있다. 그것은 내 감정을 솔직히 표현하지 못하는 것이다. 즐겁지도 않은데 분위기를 맞추기 위해서 억지웃음을 터뜨린다. 분위기가 어색하면 내가 그 분위기를 주도하여 밝게 만들어 보려고 노력을 많이 한다. 분위기가 조금이라도 부정적으로 흐르려고 하면 초긍정으로 분위기를 반대로 틀었다. 또 슬퍼야 할 때 슬퍼하지 않았다. 가까운 사람이 돌아가시거나 아플 때 애써 나의 감정을 억누른다. 이별할 때도 "또 만날 것이니 눈물 보이지 말아요."라고 하면서 애써 이별의 아픔을 지우려고한다. 그러다 보니 나의 감정 장치에 혼란이 생겼다. 웃어야 할 때 심각해지고 울어야 할 때 아무것도 아닌 것처럼 괜찮은 것처럼 나 자신의 감정을 눌러버렸다. 스트레스 상황 속에서 짜증이 나는데도 아무렇지도 않은 채 행동했다. 급기야 선교지에서 여러 가지 스트레스 상황 속에서 나는 병에 걸리고 말았다. 위암이었다. 6번의 항암치료를 받았다. 몸무게가 10킬로나 줄었다. 정말 모든 것이 끝장나는 것 같았다. 앞이 깜깜했다. 밤 2시에 벽에 걸린 시계의 초침 소리 때문에 불면증에 시달렸다. 항암치료를 받을 때면 음식 냄새 때문에 음식을 토했다. 정말 그것은 살아있는 지옥이라 말할 수 있다. 옆에서 간병하는 아내에게 짜증을 부렸다. 정말 살고 싶지 않았다. 이래서 사람들이 자살을 하나 보다. 자살하는 사람들의 심정이 이해되었다. 내가 항암치료를 받던 중에 간암으로 치료받고 있던 어떤 환자는 9층 창문에서 뛰어내렸다. 미래가 닫히고 소망이 사라지면 사는 것이 사는 것이 아니다. 인간은 정말 하루하루 고통 속에서 살아간다.

아! 몽골 몽골인들……

몽골은 유목문화이다. 손님 대접을 잘한다. 왜냐하면, 자신도 언제 그런 어려움을 당할지 모르기 때문에 평소에 손님 대접을 통해 덕을 쌓아두어야 한다고 생각한다. 그리고 몽골인들은 70년의 공산주의 유물 사상 가운데 살았다. 그래서 아주 물질적이고 현실적이다. 이것이 나에게 이익이 되는가 안 되는가를 아주 잘 따진다. 이익이 되면 움직이지만, 이익이 안 되면 움직이지 않는다. 그리고 국가에서 무료로 배급해주는 것을 받는 데 아주 익숙해져 있다. 몽골은 라마 불교가 국교이다. 그래서 지금은 힘들지만, 다음번 생애에 좋은 신분으로 환생하기 위해서는 선행을 많이 쌓아야 한다. 그래서 도움을 주는 사람은 자기의 다음 생애를 위해 보험 개념으로 남을 돕는다. 도움을 받는 사람도 아주 당연하게 내가 당신의 도움을 받음으로 당신은 좋은 신분으로 환생하고, 나는 유익을 누리니 서로 원원하는 것 아닌가요.

그러니 감사하다는 말은 생략하겠소. 이런 식이다. 그래서 몽골에서 선교사역을 하면 할수록 나는 빨리 지친다. 아무리 도와도 감사하다는 말을 듣기 힘들다. 도리어 왜 저 사람은 도와주면서 나는 더 도와주지 않느냐고 불평한다.

아 꼼짝달싹 못 하겠네

인생은 해석이다. 내 눈에, 내 코에, 내 귀에, 내 입, 내 손과 발의 감각에 입력되는 정보를 근거로 나는 해석하고 행동한다. 나는 지금까지 내 내면의 삐뚤어진 해석의 틀을 가지고 잘못된 해석을 하며 살았다. 잘못된 해석은 잘못된 행동으로 이어졌다. 잘못된 행동들은 루틴이 되어 나쁜 습관으로 내 무의식 속에 자리를 잡았다. 나의 잘못된 습관들, 잘못된 해석의 틀을 어떻게든 벗어나고 싶은데 벗어나는 방법도 모르겠고 벗어날 수도 없다. 마치 거미줄에 꽁꽁 묶여 꼼짝달싹할 수 없는 상황이다. 정상적으로 잘 살다가도 습관적으로 행하는 잘못된 행동들을 반복하는 나 자신을 보면서 나는 나 자신을 학대했다. 어쩌면 우리가 사는 세상이 힘들고 피곤한 것도 나처럼 꽁꽁 묶여 사는 사람들이 많아서 그런지도 모르겠다. 나의 이런 답답한 마음을 알아주는 사람도 없다. 다들 자기 발에 떨어진 불을 끄느라 정신이 없다. 여유도 없다. 돈, 명예, 섹스를 통해 쾌락을 누리려고 날아다니는 나방들이다. 하나님은 저 멀리 있는 달빛을 향해 날도록 나방을 창조하셨다. 그러나 나방들은 바로 눈앞에 있는 네온사인을 향해 날아가 그 뜨거운 빛에 쏘여 죽어간다. 나방은 자기의 본능에 충실했을 뿐인데 돌아오는 것은 허무뿐이다. 아 누가 이 답답한 루틴 속에 갇힌 나를 꺼내 줄 수 있을까? 정말 인생은 공허하고 허무하며 고통으로 나를 옥죄어 온다. 뭔가 새로운 것을 배울 때는 이룬 것 같다가 시간이 지나면 그 지식은 나에게 헌 지식이 되어버리고 지나가 버린다. 시간이 지나면 지날수록 허무해지고 우울해진다. 이렇게 사는 것이 인생이라면 굳이 100세까지 살아본들 무슨 의미가 있을까? 끝없는 혼돈과 어둠의 터널 속에서 길을 못 찾고 헤맬 뿐. 인생의 기쁨은 잠깐이고, 고통은 길고도 길다. 오, 하나님 길이 안 보입니다. 저를 인도하소서.

짜잔~~ 몽골 유비You 飛: 너 난다
나비모임 시작하며

선교사님, 몽골에 독서 모임 10개만 만드세요

2018년 1월 겨울이었다. 휴가차 한국을 방문했다. 신학교 들어가기 전 우리에게 독서 모임을 추천해주신 김철안 목사님께서 예배 때 몽골 선교지 소식을 들려달라고 하셨다. 그래서 예배 때 말씀을 전했다. 예배를 마친 뒤 함께 식사하고 담소를 나누었다. 멘토 목사님께 몽골 사역에 대한 나의 고민을 말씀드렸다. 길이 잘 안 보인다고 말씀드렸다. 나의 내면의 문제, 외부적 선교 환경이 녹록하지 않아 첩첩산중이라고 솔직히 말씀드렸다. 그런데 의외로 김 목사님은 간단하게 답을 주셨다. "정 선교사님, 몽골에 독서 모임 10개만 만드세요." 너무나 절실했던 나에게 목사님의 그 말씀이 하나님의 음성으로 들렸다. 하지만 어떻게 독서 모임을 해야 할지 어디서 어떻게 시작해야 할지도 몰랐다. 몇 개월 전 허석구 선교사 댁에서 4~5명이 모여 선교역사에 관한 두꺼운 책을 몇 개월 만에 끝내고 쭉 방학하고 있었던 터였다. 그리고 김창식 선배님이 요즘 한국에서 나비모임이란 책 모임이 있다는데 우리도 그거 한번 해보자고 제안을 했다. 그래서 우리 둘이 아침에 모여 책 모임을 시작했다. 매주 한 번씩 모이기로 했다. 처음에는 의욕적으로 시작했다. 그런데 한번은 김창식 선배님이 바빠서 빠졌다. 그리고 이번 주는 내가 바빠서 빠졌다. 그러다 보니 한 달에 한 번 모이기도 벅찼다. 책 모임은 용머리로 의욕 차게 시작하여, 뱀 꼬리처럼 가늘게 끝나가고 있었다.

Book & Binder 세미나가 있습니다

바로 그때 여병무 선배님께서 한국에서 3P자기경영연구소와 독서모임 (Book & Binder)을 하는 분들이 6월에 몽골에 온다고 광고를 했다. 일 인당 10만 투그릭씩 돈을 내고 참여해야 한다고 했다. 보통은 선교지에서 선교사들을 위한 모임은 무료이거나 만 투그릭 안팎이었다. 그래서 이 모임에 누가 올까 반신반의했다. 또 바인더는 내가 청년 때 사용한 경험이 있어서 솔직히 별 기대를 안 했다. 하지만 책 모임을 10개를 만들어야 하는 상황이었다. 지푸라기라도 잡는 심정으로 3P 바인더 강좌에 신청서를 제출했다. 많은 몽골 선교사님들과 한국 교민들 그리고 한국어가 능통한 몽골 울란바타르대학교 교수님과 조교들이 참여했다.

3P바인더가 몽골에서 열리는 데에는 많은 분의 수고와 헌신이 있었다. 특히 최육열 목사님은 몽골 선교사들에게 이 강의가 꼭 필요하다는 것을 아셨다. 최목사님은 교회에 몽골선교펀드헌금을 모아두셨다. 그리고 몽골에 게르 도서관, 작은 도서관을 세울 필요가 보일 때마다 지원을 아끼지 않으셨다. 목사님은 영성과 지성을 겸비하고, 성경도 알고, 바인더와 독서법을 아는 사서들을 세우기 위해 과감한 투자를 하셨다. 이미 3P 훈련을 받은 최육열 목사님은 몽골의 필요를 알기 때문에 강규형 대표께 제안하셨다. 두

분의 희생적인 수고가 있었기에 지금 몽골 유비 나비가 태어난 것이다. 선교지와 선교사를 사랑하는 두 분께 다시 한번 머리 숙여 감사를 드린다.

강규형 대표는 이랜드에서 배운 바인더를 20년 이상 개선했다. 그 결과 오늘의 3P바인더가 탄생했다. 3P바인더 강의를 들으며 나는 정말 부끄러웠다. 내가 대학교 때 쓰던 바인더는 다이어리 수준이었다. 나는 20년 전에 바인더 사용을 멈추었다. 그러나 강 대표님은 20년 동안 바인더를 개선해 나갔다. 나는 겸손하게 3P바인더를 배웠다. 그다음 날은 이재덕 선배님을 통해서 본깨적 독서법을 배웠다. 내가 대학교 때 배웠던 귀납법적 성경 공부법을 활용한 독서법이었다. 하지만 훨씬 더 단순하고 정교하게 다듬어진 독서법이었다. 일 년에 한 번 단무지 독서 캠프를 통해 떼로 독서하는 한국분의 모습이 참 인상적이었다. 양재 나비 독서 모임은 소그룹 성경 공부처럼 다이내믹하고 자기 주도적 학습조직이었다. 구성원에게 힘을 주고 지지하는 모습이 심히 아름다웠다. 서로가 서로에게 배우는 교학상장의 정신을 가지고 서로를 선배님이라 불렀다. 저자초청 강연을 통해서 저자가 왜 책을 쓰게 되었는지 그 배경을 듣는다. 그리고 책이 나오게 되는 과정을 들었다. 베스(버터플라이 이펙트 스피치) 시스템은 나비 선배님들의 강의와 발표 능력을 향상해주었다. 이틀간의 강의를 듣고 우리 몽골 한인들도 양재 나비모임처럼 토요일 아침 6시 40분에 책 모임을 하자는 분위기가 자연스럽게 형성되었다.

몽골 독서 혁명 만세

북 앤 바인더 세미나가 끝나고 주일 예배 후 바인더 공개 강의가 몽골인들을 위해 열렸다. 한국어와 몽골어 통역으로 진행됐다. 소문을 듣고 몽골

학생들이 강당에 가득 모였다. 강 대표님의 비전 강의와 바인더 활용에 대한 간증이 이어졌다. 그때 나의 마음속에 10개의 독서 모임 정도는 바인더로 시간 관리만 잘하면 충분히 가능하겠다는 믿음이 생겼다. 서두르지 않고 단무지(단순 무식 지속)하면 몽골에 5,000개의 나비 책 모임도 할 수 있겠다는 믿음이 생겼다. 그때 강규형 대표께서 한국 내에 10만 개의 나비, 전 세계에 100만 개 나비를 세우는 비전이 있다고 하셨다. 그리고 도전하셨다. 누가 몽골에 나비모임을 시작해 보겠는가? 나는 그 초청에 거의 용수철처럼 "저요"라고 자원했다. 나중에 들은 이야기이지만, 강 대표님은 강연 중에 나비모임 시작을 도전했는데 아무도 손을 안 들면 어떻게 하나 하고 고민하셨다고 한다. 하지만 너무나 즉각적으로 내가 반응을 해주어서 정말 기쁘셨다고 한다. 나는 즉석에서 대한민국 독서 혁명이란 책을 선물로 받았다.

몽골 유비 나비를 시작하게 큰 도움을 주신 최육열 목사님

그리고 그날 저녁 단숨에 그 책을 읽었다. 나는 몽골 독서 혁명가로 독서 교육을 통해 몽골이 불타오르도록 다음 세대를 준비시키는 사람이 되기로 결심했다. 이 일은 선하신 하나님의 계획 속에서 반드시 이루어질 것이다. 칭기즈칸은 빠른 말을 타고 유라시아 대륙을 달렸지만, 나비의 몽골 제자들은 빠른 인터넷을 타고 달릴 것이다. 자기관리와 독서를 통해 전 세계에 선한 영향력을 끼칠 것이다. 내 눈에는 그 모습이 보인다.

빈 트리 카페에서 매주 토요일 아침 7시에 만나요

그러나 한 가지 문제가 있었다. 책 모임을 하려면 장소가 필요했다. 몽골은 보통 10시쯤 되어야 정상적인 업무가 시작된다. 빨라도 9시는 되어야 카페 문을 연다. 토요일 이른 아침 6시 40분에 모일 장소가 없었다. 바로 그때 전용덕 선배님과 김영숙 선배님께서 빈 트리 카페를 아침에 오픈해 주시겠다고 흔쾌히 자원해 주셨다. 너무나 감사한 일이었다. 그래서 우리 몽골 나비 제1회 모임이 2018년 7월 7일 토요일 아침 6시 40분 빈트리 카페에서 탄생하였다. 2023년 4월 29일 토요일 현재까지 한 주도 빠지지 않고 252회 몽골 유비 나비모임이 지속되고 있다. 영하 30도의 강추위 속에서도 나비모임은 계속되었다. 몽골은 겨울이 6개월이나 된다. 겨울이 길고 춥다 보니 모임 시간 조정이 필요했다.

그래서 우리는 매주 토요일 아침 7시로 시간을 변경하여 모임을 진행했다. 몽골 유비 나비모임을 잠시 스케치해 보겠다. 선배님들이 빈 트리 카페에 모인다. 정각 7시에 나비모임 시작을 선포한다. 가볍게 머리와 가슴과 손뼉을 치면서 나비 체조를 한다. 바인더에 기록된 한 주간 삶을 나눈다. 3~4

명씩 조를 나눠서 책 나눔을 시작한다. 조별 책 나눔을 마치면 각 조에서 가장 발표를 잘한 한 분을 선정하여 전체 앞에서 다시 발표한다. '공부해서 남을 주자'라는 구호와 함께 책 박수를 힘차게 한다. 광고 및 사진 촬영을 하고 모임을 마무리한다. 2부 순서는 시간이 되는 분들이 남아서 빈 트리 카페에서 맞춤 제작한 나비세트를 주문해 먹으면서 자유롭게 이야기를 나눈다. 이 자유로운 이야기 속에서 아주 좋은 아이디어들이 오고 간다. 창의적인 아이디어들은 우리의 삶과 사업에 곧바로 연결된다.

몽골 유비 나비모임을 통하여
생겨난 선한 영향력

함드따(다같이란 뜻을 가진 몽골어)

몽골 사람들은 모이기만 하면 "함드따 함드따"라는 말을 잘한다. 다같이라는 뜻이다. 척박한 초원에서 혼자 사는 것은 어리석은 짓이다. 그래서 함드따라는 말을 자주 하는 것이다. 몽골 유비나비 선배님들은 서로 연합을 잘한다. 이 연합정신은 많은 지역에서 부러워하는 부분이기도 하다. 강규형 대표님도 몽골처럼 이렇게 한인들이 연합을 잘하면 좋겠다고 몽골에 오실 때마다 말씀하신다. 연합이 잘되는 이유가 있다. 연합이 잘 될 수밖에 없는 환경이 몽골에 조성되어 있기 때문이다. 그것은 혹독한 추위와 몽골에서 살아가면서 겪게 되는 여러 가지 예상치 못한 변수 때문이다. 날씨가 더우면 서로 밀어내고, 날씨가 추우면 서로서로 당긴다. 왜냐하면, 함께하면 상대의 온기와 내 온기가 만나서 서로 따뜻해지기 때문이다. 이것은 마음의 태도와도 관계가 있다. 우리의 마음이 가난해지면 우리는 함드따 할 수밖에 없는 환경이 만들어진다. 나는 부족하고, 연약하니 당신이 필요합니다. 이 척박한 환경 속에서 최선으로 일하시는 선배님 존경합니다. 당신의 선한 영향력이 계속되길 기도합니다. 우리가 모든 일을 다 할 순 없지만, 우리가 지금 이곳에서 할 수 있는 일들도 있으니 서로 윈윈해봐요. 이렇게 우리 유비나비 선배님들은 서로를 지지하고, 격려한다. 이 연합의 힘이 지난 5년간 우리를 이끌어오고 있다.

후치테 베가레('힘내세요'란 뜻을 가진 몽골어)

얼마 전 나비모임에 처음으로 참석한 분의 이야기이다. 우리는 책 나눔을 하기 전에 발표하는 선배님이 긴장하지 않도록 이름을 세 번 불러 주고 힘이라고 크게 외친다. 그러면 책 나눔을 하시는 분이 그 격려와 지지에 힘을 얻고 발표를 잘하신다. 나비모임에서 발표하면 실수하더라도 나는 안전하다고 생각하게 된다. 그날도 우리는 평소 하던 대로 새로 오신 분의 이름을 불러 주고 '후치테 베가레'라고 외쳐주었다. 우리는 늘 하는 일이라 가볍게 생각했다. 그런데 새로 오신 분은 자기 생에 처음으로 자기 이름이 크게 세 번 불리고 힘내세요라는 이야기를 들었다. 자기가 존중받고, 지지받고 있다는 느낌을 받은 것이다. 그분의 눈에 눈물이 글썽이는 모습을 나는 보았다. 현대인들은 핵인간화 되어서 군중 가운데서도 외롭다. 그렇다. 우리는 너무 외로웠고 다른 사람들의 지지와 격려가 그리웠다. 내 내면의 상처와 강박관념, 자책감과 싸우느라 모든 힘을 다 써버린다. 빈껍데기만 남은 듯 인생이 허무하고, 우울증에 시달린다. 제대로 날개 한번 펴보지도 못하고 자살 충동을 느끼는 사람들이 많아지고 있다. 이제는 자살을 거꾸로 읽어보자. 살자. 그렇다 살자이다. 우리는 살아야 한다. 이 세상을 창조하신 하나님은 창조의 파트너로 우리를 부르고 계신다. 어떤 절망적 상황 속에서도

몽골 아이들에게 책 읽어 주는 선생님

묵묵히 자신의 길을 걸어가려고 갈망하는 우리에게는 다시 시작할 수 있는
희망이 있다. 후치테 베가레.

꿈은 이루어진다. 접힌 날개를 펼쳐라

나는 지금 안식년으로 경기도 양평 모새골 공동체에서 살고 있다. 모새
골은 모두가 새로워지는 골짜기란 뜻이다. 모새골에서 거룩한 독서법을 배
우고 싶다는 갈망으로 수행하러 들어왔다. 침묵 가운데 오감을 성서에 집
중한다. 입을 다물고 침묵을 하는데 이상하게도 내 속에는 오만가지 생각들
과 소리로 소란하다. 이런 시끄러운 내면의 소리를 들으며 내가 매일 산 것

이다. 젖 먹는 아기는 어머니의 품속에서 평안을 누린다. 이제 나는 더 이상 자신을 학대하지 않고 보듬어 끌어안는다. 나 자신에게 용서를 구한다. 나는 자신과 화해하고 나서 비로소 진정한 자유로움을 누린다. 나의 내면을 비우고, 긍정적 문장들로 나를 채운다. 내 속에서 옹달샘처럼 흘러나오는 생각과 기도문을 바인더에 적는다. 정말 솔직하고 담백한 문장이 내 속에서 흘러나온다. 진정한 독서는 우리를 충만케 하고 우리의 내면에 있는 천재성을 길어 올린다. 앞으로 몽골에 나비 북클럽이 세워지고 자기 주도적으로 운영될 것이다. 지속 가능한 형태로 나비모임은 움직여가고 있다. 나비 북클럽이 이곳저곳에서 생겨나고 배움을 갈망하는 사람들이 모인다. 부디 책 읽는 나비모임이 몽골 유목민들의 영혼에 오아시스가 되기를 기대한다. 난 그 모습을 눈감고 상상만 해도 기분이 좋다. 꿈은 반드시 이루어진다. "몽골 모든 백성이 책 한 권씩 읽는 그날까지!"

chapter 12

소모품 인생

조항영   신앙의 3대째 가정에서 태어나 평범한 모태신앙으로 자라다가, 청년대학 시절 선교단체에서 훈련을 받으며 하나님의 부르심을 받게 되었다. 인생의 진로를 두고 기도하던 중, 가장 가치 있고 의미 있는 삶이 주와 복음을 위해 사는 것임을 깨닫고 복음을 전하는 자로 살기로 헌신하였다. 바울과 같은 선교자가 되고자 뜨거운 열정을 가지고 25년을 달려왔다. 현재는 몽골 선교사로 대를 이어 현지인 교회를 섬기며 12년째 행복하게 사역하고 있다.

부르심

선교사로 삶을 드리다

　나는 대학생 선교단체에서 훈련을 받으며 주님을 인격적으로 만났다. 70~90년대가 대학생 선교단체의 부흥기였다면, 나는 막차를 탄 은혜의 학번이다. 우리 선배들은 젊은 날을 주님을 위해서 헌신한 본을 보여주었다. 그 영향으로 나도 대학교 2학년 때 복음 전도자로 내 인생을 주님께 드리기로 헌신하게 되었다. 나는 어떤 사건이나 문제를 통해서 부름을 받은 경우는 아니고, 주님을 사랑해서 자발적으로 헌신한 경우다. 그 당시는 아프리카라도 좋으니, 복음이 필요한 곳이면 어디든지 달려가겠다는 마음으로 뜨거웠다. 부모님은 몽골 선교사로 99년도에 세 자녀를 남기고 몽골로 떠나셨다. 군대 휴가를 나오거나 명절 때만 되면 갈 곳이 없어서 외로웠다. 그런 상황에서도 선교사 자녀로서 상처받지 않도록, 주님은 만남의 축복을 허락하셔서 내 주변에는 항상 좋은 분들을 붙여주셨다. 선교사로 헌신한 지 15년간의 준비 끝에, 12년 전에 몽골 선교사로 파송 받게 되었다. 15년을 사역하신 아버지는 몽골 사역에서 은퇴하시고, 자비량 선교사로 인도로 훌쩍 떠나버리셨다. 우리 가족은 매번 국제적으로 흩어져 지내고 있다. 결혼식

때 말고는 다 같이 모여 본 적이 없다. 그래도 하나님은 선교사 자녀들을 돌보시고 은혜 가운데 살아갈 수 있도록 축복하셨다.

고난을 물려주신 부모님

몽골선교 부흥기는 90년대부터 2010년까지였다. 구소련의 붕괴 후 두 번째로 사회주의 국가에서 자유민주주의로 1990년에 문호를 개방하게 되었다. 70년 동안 사회주의 체제에서 백성들의 마음이 가난해져 있었다. 그래서 전도지를 뿌리면 수많은 사람이 교회를 방문했고 매주 수십 명의 새 신자가 몰려들었던 복음의 황금기가 있었다. 이때가 몽골선교 1세대들이 경험한 몽골선교의 황금기라고 말한다. 이때 아버지 선교사님은 매년 교회를 하나씩 개척해서 12개의 지교회를 관리 운영하게 되었다. 65세 은퇴할 때가 되자, 파송 단체인 서울노회는 후임자를 찾기 위해 기독 공보에 선교사 모집 광고를 냈다. 몽골 선교경험이 있으며 선교학 석사를 배운 나를 후임으로 선정하여 파송하게 되었다. 대형교회들의 세습 문제가 이슈화되기 시작할 때 즈음의 일이다. 선교사는 고생의 자리이지, 영광의 자리는 못 된다. 아버지 선교사님은 모든 영광과 재산을 다 내려놓고 캐리어 하나만 달랑 들고 몽골을 떠나셨다. 노후 대책으로 목회자 연금을 들었는데, 5년간 교회 건축할 때 모든 것을 쏟아 부으셨다. 부모님 두 분 다 남은 노후 대책이 전혀 없이 은퇴하셨다. 몽골선교 15년간 부모님은 최소한의 생활비만으로 생계를 유지하며 모든 재정과 삶을 선교에 올인하셨다. 항상 검소하셔서 자신을 위한 옷 구매나 외식은 거의 한 적이 없다.

선교사는 영광스러운 자리임이 틀림없다. 그러나 은퇴 후에는 아무도 책임지지 않는다. 선교사는 일용직과 같아서 은퇴하는 순간 모든 후원이 끊긴다. 후원교회가 너그럽게 은퇴까지 고려해주지 않는다. 이 고난의 길을 물려주고 싶은 부모가 어디 있겠는가? 선교사 세습? 뭘 몰라서 하는 말이다. 시골의 힘든 미자립교회는 왜 세습에서 예외 되는가? 일부 대형교회들의 잘못이 마치 모든 목회자가 그런 속물인 양 부정적인 프레임을 씌우는 사탄의 전략인 것이다. 자기 영혼까지 끌어넣어 온 가족을 희생하면서까지 교회를 세우기 위해 올인하는 대부분의 충성스러운 목회자들을 주님은 칭찬하실 것이다.

비품 인생과
소모품 인생

조달청 기준 물품을 정의할 때 비품과 소모품으로 정의한다. 일반적으로 소모품이란 쓰는 대로 닳거나 줄어들어 없어지거나 못 쓰게 되는 물품을 말한다. 소모품의 반대말인 비품은 형상이 변하지 않고 1년 이상 계속 쓸 수 있는 물품이라고 정의하고 있다. 나는 모든 사람에게 도전 질문하고 싶다. 지금 당신은 소모품 인생을 살고 있는가? 비품 인생을 살고 있는가?

접시 돌리기의 굴레

처음 선교사로 파송 받으면 2년간 현지어와 문화를 익히며 준비하는 기간을 주는 것이 원칙이었다. 그런데 나는 2대 선교사로 파송 받았고 몽골선교 경험이 있으므로 바로 사역에 투입될 수밖에 없었다. 아버지 선교사로부터 1년 반 동안 사역 인수인계를 받았다. 하나님께서 몽골선교 초기에 부흥을 주셨기 때문에 사역의 열매가 많았다. 울란바타르 선교교회 목회 사역을 중심으로, 가지로 뻗어 나간 사역들이 많았다. 기숙사 사역, 수양관 사역,

지교회 5개 목양관리, 선교농장, 가정 사역까지 혼자서 감당해 내야만 했다. 기관사역 하나만 해도 한 사람이 맡아야 할 사역인데, 나는 10가지 기관의 사역을 맡아야만 했다.

그래서 지난 12년간 선교사로 살아오면서 배운 일들은 다음과 같다. 목사, 목수, 토목, 건축, 전기기술, 용접기술, 음향, 조명, 농업 전문가, 양돈, 양계, 의사, 운전사, 컴퓨터 수리공, 기숙사 사감, 회계사, 심리 상담가, 진로 상담가, 중독치료자, 결혼 중매자, 장의사, 보따리 장사꾼, 농산물 판매상, 인테리어 기술자, 요리사, 바리스타, 고장난 제품을 고치는 순돌이 아빠 등등 수많은 다양한 분야를 배우면서 책임 관리 감독해야 해왔다. 한 분야의 전문가가 될 수는 없어도 다양한 분야를 두루두루 알고 그 문제들을 스스로 찾아서 해결해 내야만 했다. 나는 도전하고 배우고 성취하는 것을 즐기는 편이다. 그러나 나에게도 하루는 24시간일 뿐이고, 몸이 10개라도 감당해 내기 어려운 사역의 짐을 지고 살아왔다. 무식한 열심으로 지금까지 버텨 왔다. 지금도 밤늦게까지 일하는 아들을 보며 아버지가 일찍 들어와서 쉬고 가족을 돌보라고 신신당부하신다. 나도 여유를 가지고 사역하고 싶지만, 아버지가 벌려 놓으신 수많은 일을 감당하느라 제대로 쉴 여유가 없다. 일에는 완전정복이라는 것이 없었다. 끝장을 내보려 하지만 계속 일이 생겨날 뿐이다.

서커스의 고전 '접시 돌리기'를 하듯이 나는 10개의 접시를 계속 돌려야만 했다. 하나라도 떨어뜨리거나 그만둘 수 없고 빠져나올 수 없는 굴레에 빠져들어 가게 되었다. 원하든 원하지 않든 닥쳐오는 수많은 일을 감당해 내야만 했다. 사역지마다 여기저기서 크고 작은 문제들이 터질 때마다 나는 달려가서 문제를 해결해야 했다. 그러다 보니 일 중독이라는 소리를 들을 정도로 정신없이 살아야만 했다. 전임 선교사의 전성기 사역을 그대로 유지

해 나가는 것은 여간 어려운 일이 아니다.

선교사는 선교지에서 뼈를 묻어야 한다.

　나의 장점은 성실과 열심이다. 고등학생 때 도서관에 가장 먼저 나와서 가장 늦게까지 공부하다 가는 것에 재미를 붙였다. 머리로 공부하지 않고 엉덩이로 열 시간 이상을 앉아 공부하는 노력파다. 밤늦게 경비실 아저씨가 "학생 나가세요" 할 때까지 공부하다 나오면 뿌듯함이 컸다. 밤하늘의 별들이 오늘 하루를 보람차게 살아간 나를 응원해주었다. '보람찬 하루 일을 끝마치고서~' 군가의 가사처럼 성실과 열심히 일하는 자세가 내 몸에 배게 되었다.

　선교지에 나와서도 똑같은 삶의 자세로 선교사의 삶을 시작했다. 바울을 선교사의 모델로 삶고, 그분과 같이 살아가기로 소망했었다. 나를 몽골 선교사로 파송할 때 파송 예배에서 말씀을 전해주신 목사님은 "선교사는 선교지에서 뼈를 묻어야 한다."라며 그럴 각오가 되어 있느냐 질문하셨다. 드디어 선교사로 파송 받는 영광스러운 자리에서, 당연히 목숨을 바쳐 충성하겠노라고 진심으로 "네~"하고 대답을 했다. 그리고 정말로 그렇게 사역에 올인All-in 했다. 새벽 기도회부터 시작해서 밤늦게까지 사역에 매진하였다. 나의 시간표는 월화수목금금금이었다. 선교 초기였으니 얼마나 의욕이 넘쳤겠는가? 바울도 복음을 위해서 목숨까지도 아낌없이 불살라 드린 그 본을 받아(사도행전 20:24) 나의 선교지에서 삶은 그렇게 시작되었다. 100m를 전력 질주하듯 선교 초기에 내 몸과 마음을 불살랐다. 밥도 제대로 챙겨 먹지 못하고, 쉬는 날도 없이 사역에만 올인했다. 그것이 하나님께 충성하는 삶인 줄 알고 그렇게 살았다. 아내와 세 딸에게는 선교지에 뼈를 묻을지 말지 물어보지도 않고, 남편과 아빠를 따라서 선교지에 끌려? 오게 된 것이다. 이것은 남편의 부르심이지, 아내와 세 딸의 부르심은 아니다.

소모품 인생

나는 2004년에 견습 선교사로 몽골에서 일 년간 사역한 경험이 있다. 몽골은 한국의 20~30년 전의 모습으로 개발이 덜 되어 정겹게 느껴졌다. 각 분야에 전문가가 세워지기 전이라 가내수공업 수준으로 주먹구구식으로 하는 수준이었다. 그래서 내가 몽골에 가면 맥가이버처럼 고치고 수리하는 것을 잘할 수 있다는 자신감을 가졌다. 그래서 몽골로 나오기 전 한 달간 목수를 따라다니며 인테리어와 건축기술을 배우고 기본 장비도 구매해왔다. 실제로 기숙사와 수양관 수리보수 하는 데 큰 도움이 되었다.

30대 중반 젊은 패기와 의욕 넘치게 몽골에 와서 처음으로 도전한 것이 기숙사 건물의 시설개선 사역이다. 10여 년 전에 지어서 춥고 낡은 건물을 제대로 고쳐보겠다고 교회 청년들과 덤벼들었다. 문짝 수리, 침대 수리, 나무 바닥 교체, 시멘트 공사, 난방과 인테리어까지 안 해본 것이 없다. 밤늦게까지 때로는 새벽까지 흙먼지를 뒤집어쓰면서 지칠 줄 모르게 사역했다. 한국에서는 사무실에서만 일했었는데, 선교지에서는 대부분 육체노동을 해야 하니 진짜 일 같은 일을 하는 것 같은 자기만족도 들었다. 현지인과 함께 밥을 잘 챙겨 먹지 못하고, 기름기 많은 몽골 음식을 먹어야 하니, 몸이 피곤함에 찌들기 시작했다. 밤 11시에 피곤하게 들어와서, 배고프니 저녁 식사를 하고 바로 쓰러져 잠들기 일쑤였다. 그렇게 2년을 살았더니, 나의 몸은 서서히 축나기 시작했다. 그전에는 없었던 흙먼지 알레르기, 찬바람 알레르기가 생겨서 계속 기침을 달고 살아야 했다. 사랑의 밀가루를 들다가 허리가 삐끗해서 늘 허리환자로 살아가고 있다. 그래도 바울은 이보다 더 심하게 사역했는데, 나의 이 정도 수고는 아무것도 아니며, 선교지에서 자신을 불사르는 것을 당연하다 생각했다. 가끔 선배 선교사님들이 "조박샤(선생님)~ 천천히 해요…. 무리하지 말아요…. 쉬엄쉬엄해요" 조언해 주었다. 그런데도 나는 쉴 수가 없었다.

그런데 서서히 몸이 아파져 오면서, 이대로 살다가는 얼마 못 가서 철수해야 할 것 같은 위기의식이 들었다. 목회 사역에 집중해야 하는데 목수처럼 여기저기 수리하는 것에만 정신이 팔려있으니 목회를 소홀히 할 수밖에 없었다. 토요일 저녁 밤새 설교를 준비하곤 했다. 한국에서 목회 경험을 살려 배운 것들을 가지고 선교지에서 써먹으려 했으나, 점점 바닥이 드러나고 있었다. 밑천이 바닥나기 시작한 것이다. 점점 힘이 들기 시작했다. 배터리가 방전되기 직전까지 나를 사역으로 몰아넣었다. 소진되는 느낌! 이러다가 소모되어 더는 필요 없는 물건처럼 버려질 수밖에 없는 인생이 되는 것은 아닐까?

영끌해서 선교사역에 몰방했는데 과연 어떤 성적표를 받을 것인가? 충성스럽지만 미련한 종아! 책망하시면 어떻게 될까? 막내딸 7개월이 되었을 때 핏덩이를 안고 몽골로 와서 가정을 내팽개치고 사역만 했는데, 돌아오는 건 F 학점. 나를 지켜보며 안쓰러워하던 아내가 옆에서 잔소리한다. 미련하게 일만 하지 말라고. 열심히 하기만 하면 되는 줄 알았는데, 잘못된 열심으로 사역하고 있다는 것을 조금씩 깨닫기 시작했다.

주님! 언제까지입니까?

어느 날 기숙사 입주한 교인 2명이 나를 찾아왔다. "목사님! 화장실 똥이 얼어서 산을 이루어 볼일을 볼 수 없어요!" 재래식 화장실 2칸을 20가정이 사용하는데, 영하 30도 추위라서 바로 얼어버린 것이다. 입주자들이 각종 쓰레기를 변기에 버려서 정화조 차가 분뇨를 수거해 갈 수 없다는 것이다. 그래서 쓰레기 못 버리도록 철근으로 성큼성큼 망을 설치했다. 20가정이 하나의 재래식 화장실을 사용하다 보니 금방 차오르고 얼어붙어 똥산을 이룬 것이다. 선교사인 나에게 말하는 것은 나보고 똥을 치워달라는 말인가?

이런 일들은 선교지에서 비일비재하다. "목사님! 기숙사 보일러가 망가졌어요. 어떻게 해요? 상하수도 관이 얼어서 물이 안 나와요. 어떻게 해요? 보일러 담당자가 술을 먹고 석탄을 때지 않아요. 술 먹고 고성방가를 해서 다른 사람들이 잠을 잘 수 없대요. 경찰이 와서 잡아갔어요" 밤이고 낮이고 문제가 생길 때마다 나에게 전화를 해온다. 그럼 나보고 어떻게 하란 말인가? 내가 기숙사로 달려가서 똥을 퍼달라는 이야기인가? 내가 선교지에 똥 푸러 왔나? 주님! 제가 언제까지 이렇게 사역을 해야 하나요? 언제까지 뒤치다꺼리해줘야 하나요? 언제까지 깨진 항아리에 물 붓기를 계속해야 하나요? 하소연 섞인 기도가 나왔다.

이렇게 사역하다가는 선교지를 떠나도 나에게 전화해서 도와달라고 할 것 같다. 사업이 확장될수록, 내 일은 점점 더 가중될 뿐이다. 뭔가 한참 잘못되었다. 빈민구제는 나라도 못 한다는데, 언제까지 도와주고 뒤치다꺼리해줄 수는 없는 노릇이다. 깨진 항아리에 물 붓는 것처럼, 이런 방식으로는 해답이 없다고 결론을 내렸다.

고정관념을
깨뜨리심

강제 안식년을 갖게 하시다

일 중독자처럼 수년을 밤낮으로 일했지만, 남는 것은 탈진과 골병든 몸뿐이었다. 더 열심을 내면 낼수록 나는 탈진하게 되어 있다. 나 자신이 닳아 없어지는 느낌은 너무 불행하다. 충전 없이 일회용품처럼 쓰임 받다가 버려지는 배터리와 같은 신세가 될 것이 뻔하다. 아무리 새 차라도 정비하고 주유하지 않으면 오래 탈 수 없듯이, 나도 충전하고 자기계발이 없다면 소모품처럼 버려질 운명이 될 것이다.

2020년 초 코로나로 비행길이 봉쇄되었을 때 어쩔 수 없이 선교지로 복귀하지 못하고 9개월간 한국에 머물러야만 했다. 일만 하던 내가 일을 못하게 되니 오히려 병이 들었다. 그래도 온라인으로 계속해서 큐티 설교와 주일설교를 계속 찍어 보냈다. 쉬는 것에 대한 죄책감이 들었다. 후원교회에 전화 드리면 언제 몽골에 들어가느냐 물어보시는 것이 '왜 일 안 하고 놀고 있느냐?'는 말로 들렸다. 강원도 시골에 갇혀 코로나로 강제 안식년을 보내면서 사역에 지쳐있던 내 심신이 조금씩 치유되기 시작했다. 하나님이 코로나로 막지 않으시면 일 중독에 빠져 살 것을 아시기에 나를 한국에 묶어 두셨다고 생각한다. 하나님 앞에 조용히 전반기 사역을 돌아볼 시간을 갖게 해주셨다. 나는 인간적으로 열심히 한 것 아닌가? 몸과 마음 가정까지 해치면서까지 사역하는 것을 하나님이 기뻐하실까? 현지인들에게 비친 선교사는 일만 죽도록 하는 모습일까? 코로나 강제 안식년 이후의 사역은 달라져야겠다고 깨달음을 주셨다.

내가 선교지 자리를 비운 지 9개월 만에 몽골에 들어갔을 때 새로운 각오로 입국하게 되었다. 이전처럼 일만 하는 사람이 아니라 성도들을 더 사랑하며 섬기겠노라 다짐했다. 감사하게도 하나님은 내가 없는 동안에도 교회를 잘 인도해주셨다. 하나님께서는 충성스러운 리더들을 훈련하고 계셨다. 목사님이 없어도 교인들 스스로 내 교회를 내 몸처럼 사랑하는 훈련을 시켜주셨다. 코로나 기간에도 하나님은 합력하여 선을 이루고 계셨다. 일에 지친 나를 긍휼히 여겨 안식을 갖게 해주셨음을 깨달았다. 코로나가 하나님의 뜻인 줄 받아들인 후에는, 죄책감에서 벗어나기 시작했다. 하나님은 일 중독인 나를 바꾸시려고 코로나 기간에 격리를 허락하셨다고 생각한다.

탱큐 코로나! 그동안 소홀했던 가정과 회복하는 시간을 가졌다. 두 선교사를 뒷바라지하느라 평생 홀로 일하고 계신 어머니와 강원도 산골짜기에서 행복한 시간을 보낼 기회도 주셨다. 나 때문에 고생 고생한 몽골 교인들에게 미안한 마음을 전하고 싶다.

우물 안 개구리에서 나오다

경주마를 빨리 달리게 하기 위해서 눈가리개를 하고 앞만 보고 달리게 한다. 빨리 달릴 수 있는 장점이 있지만, 넓은 시야를 볼 수 없는 단점도 있다. 나도 10여 년 동안 앞만 보면서 달려왔다. 많은 사역을 할 수는 있었지만, 인간관계가 너무 좁았다. 내가 사역하는 UB선교교회는 한인 타운과 반대쪽에 있어, 외로운 독도처럼 사역만 하기에는 좋은 곳이다. 한 달에 한 번 선교사회의에 참석하러 한인 타운에 가는 일 외에는 선교사들과 만남도 거의 없다. 나 자신을 돌아보고 점검할 기회도 적었다. 그렇게 십 년을 우물 안에 갇혀 살고 있었다.

친구 선교사의 권유로 쇠약해져 가는 몸 건강을 위해 토요일 새벽에 하는 조기 축구모임에 들어가게 되었다. 일주일에 한 번 축구모임에 참석하니 건강도 되찾고 단순한 삶에 활력이 불어 넣어졌다. 다양한 사람들을 만나 함께 운동하고 삼겹살도 구워 먹고 정보도 교환할 수 있었기 때문이다.

우물 속에만 지내던 나에게 선배 선교사가 나비 독서모임에 나오라 권하였다. 당연히 독서는 중요하다고 생각했지만, 한가하게 책을 읽을 여유가 없었다. 그러나 시간이 남아서 책을 읽는 것이 아니라, 살기 위해서라도 생존 독서를 해야겠다는 절박함을 느끼던 시기였다. 한국에서 들고 온 밑천이 다 떨어졌기 때문에 바닥을 긁고 있었던 때에 나를 독서모임에 초대해준 것이다. 하나님의 음성으로 듣고 순종하여 바쁜 사역을 뒤로한 채 나비 모임에 참석하기로 결단했다.

토요일 새벽에 새벽공기를 가르고 나비 모임이 있는 13구역 한인 타운이 있는 곳으로 달려간다. 나보다 오래된 선배들이 모여서 독서와 바인더로 삶을 나누며 행복한 모임을 하고 있었다. 삭막하고 각박한 선교지에서 나비 모임은 생활의 활력소요 재충전의 시간이었다. 사막에서 물을 찾아 헤매던 나에게 나비 모임은 오아시스와 같은 존재다. 사역하면 할수록 내 것을 빼앗기기만 하지만, 나비 모임은 충전의 시간이었다. 나에게 재충전의 시간이 언제 있었던가? 잘 생각이 안 난다. 아버지는 바쁘신 중에도 항상 책을 손에서 놓지 않으셨다. 선교 25년 동안 마르지 않는 샘을 가지고 계셨다. 지금 76세이지만 여전히 매일 책을 읽고, 매일 영성 일기를 써 보내신다. 지치지 않는 무한 체력! 독서의 힘에서 나왔으리라. 아버지에게서 사역의 인수인계는 받았을지 모르지만, 정작 중요한 독서의 힘에 대한 인수인계는 빼먹은 것 같다.

공부해서 남을 주자

나비 모임을 시작한 베테랑 선교사들도 나와 같은 탈진Burn-out의 경험을 다 가지고 계셨다. 오랜 사역을 통한 매너리즘과 정체된 자기 삶에 활력을 불어넣는 모임이 필요하다. 선교사는 선교지로 떠나온 때로 시계가 멈춰있다고 말한다. 성장도 배움도 멈추게 된다. 동기들은 더 배우고 성장하는데 선교지에서 배움의 기회는 얻기 힘들다. 그래서 이 갈급함을 느낀 사람들이 의기투합해서 시작된 모임이 UB나비모임이다. 대부분 선교사님이다. 자신의 삶을 주님께 드려 선교지까지 왔는데, 현지인들에게 진정한 도움이 무엇일까 연구하고 고민한다. 몽골도 이제는 경제 발전을 이루어 빵으로 전도되는 시기는 끝났다. 어떻게 그리스도의 제자들을 길러낼 것인가? 사역의 모습은 다양하지만, 목적은 같았다. '공부해서 남을 주자'는 구호는 우리의 사명을 더 확실하게 인식시켜 주었다.

나비 모임의 효과는 책에서만 배우는 데 있지 않다. 서로 다양한 선교사들의 삶을 통해서 꾸준히 자기계발에 힘쓰시는 그 삶 자체가 더욱 감동적이다. 독서도 중요하지만, 한 사람 한 사람 나비 선배님들 자체가 보물이다. 혼자는 약하지만, 함께 뭉칠 때 서로를 더욱 성장하게 만들어 준다.

사람 나무
세우기

함께 성장하는 공동체

나비 모임은 나의 선교사역에서 새로운 활력과 도전을 준 모임이다. 현 지인들에게 고기를 잡아주는 것이 아니라, 고기 잡는 기술을 가르치는 고난도 기술이다. 하루하루 먹고살기 힘들어하는 이들에게 한가하게 독서를 하라고 전해주는 것이 과연 맞을까? 당장 배고픔을 달래기 위해 도움을 준다면, 임시방편적인 도움이 될 것이다. 비록 지금은 생계를 위해서 하루하루 살아가지만, 삶의 추월차선을 가르쳐주고 싶다. 책 몇 권 읽는다고 당장 효과를 볼 수 없지만, 먼 장래를 봤을 때 꼭 필요한 사역이다.

토요 나비모임에서 배운 것이 너무 좋아서, 교회에 적용해 보았다. 사역 초기에 조사를 해보니 1년에 책을 한 권도 안 읽는 사람들이 많았고, 수첩 사용도 거의 전무한 상태였다. 나와 함께 동역할 이들의 수준을 끌어올려 주고 싶었다. '배워서 남 주자' 정신으로 지인들에게 바인더를 후원 받아 제공해 주면서 이들의 삶을 보다 규모 있게 사용할 수 있도록 도와주었다. 나도 대학생 때 만난 선교단체를 통해서 바인더를 사용한 지 20년이 지났지만, 여전히 유용한 자기 성장에 탁월한 도구임이 틀림없다. 강규형 대표는 3P 바인더를 제작해 이 분야의 전문가로 독서 운동을 일으키며 한국과 전 세계에 영향력을 끼치고 있었다. 이 귀한 보물을 나도 옛날에 배웠음에도 나는 활용하지 못하고 책꽂이에 꽂아만 두고 있었다.

20대 초에 배운 바인더 교육은 영성 지성 성품 자기계발 가정과 건강까지 균형을 맞춘 그리스도의 제자가 되는 삶으로 나를 바꾸어 준 귀한 도구가 되었다. 나도 내가 먼저 배운 것을 남들에게 전수해 주고자 여러 해 동안 힘썼다. 매년 2회씩 30여 명의 리더의 삶을 멘토링 하면서 전인격적 성장을 돕고 있다. 교회에서 영성훈련 외에도 독서 훈련, 자기계발 훈련, 재정훈련, 리더십 훈련까지 다양한 훈련을 제공해 준다. 신앙은 삶이기 때문이다. 삶의 기반이 무너지면 신앙도 함께 무너지는 것을 많이 봐왔다.

그들의 부모님도 한 번도 멘토링하지 않은 것을 나는 목회자로서 그들을 전인격적으로 성장하도록 돕고 있다. 교회에서 바인더 강의를 하고, 청년들에게 규모 있는 삶을 살도록 돕는다. 그래서 나는 매년 달력을 선물하고, 다이어리를 선물하며, 바인더를 선물하기를 좋아한다.

30년 만에 하는 처음 하는 독서

마이크로소프트 창업자인 빌 게이츠는 도서관의 중요성을 강조하는 말중에, '오늘의 나를 있게 한 것은 우리 마을 도서관이다. 하버드 졸업장보다 소중한 것은 독서하는 습관이다'라는 명언이 있다. 하루하루 먹고살기에 바쁠수록 더욱 독서를 해야 한다. 독서가 우리의 안목을 넓혀주기 때문이다. 카프카는 '책이란 무릇, 우리 안에 있는 꽁꽁 얼어버린 바다를 깨트려 버리는 도끼다'라고 말했다. 몽골에서 어렵게 사는 이들에게 당장 먹을 것으로 도와줄 수 있지만, 그때뿐이다. 경제 형편이 어려운 기숙사 입주자들은 책 한 권 살 재정적 여유도 없고 그럴 마음도 없다. 하루하루 생계를 위해서만 살아가는 그들을 생각할 때마다 마음이 아프다. 어떻게 도와주면 좋을까 생각하다가, 도서관을 만들어 책 읽는 환경을 제공해 주면 좋겠다는 강한 열망이 생겼다. 그래서 나는 바로 기숙사 한 방을 도서관으로 꾸며 남녀 대학생들에게 작은 도서관과 공부할 수 있는 장소를 당장 만들어 주었다. 몇 번 모임을 못 하고 코로나가 닥치면서 운영을 중단했지만, 언젠가 다시 시작할 것이다.

두 번째로 나비 모임을 시작한 곳은 본 교회에서 리더들을 대상으로 시도했다. 교회 커피숍의 한쪽 벽면에 책들을 비치해 두어 북카페를 만들어 주었다. 책을 사서 읽을 돈이 없으므로 무료로 이용할 수 있도록 배려를 해 주었다. 나비 모임에서 배운 대로 지정도서와 자유 도서를 정해서 읽고 나눔을 하게 했다. 주간 월간 연간 평생 계획표를 만들어 보게 했다. 비전선언문도 발표하게 했다. 맨날 일만 시키던 선교사가 어느 날부터 독서를 하자고 하니 리더들이 무척 어색해하면서도 좋아했다. 일 중독자처럼 살았던 나에게서는 절대 나비 모임 같은 한가한 독서모임을 만들 수 없다. 그러나 나도 많이 변했다. 나비 선배님들의 선한 영향력을 받아, 책과 담을 쌓고 살던 이들에게 독서를 권하는 사람이 되었다.

교회에서 나비 모임을 처음 시작할 때 이야기다. 충성스러운 40대 중반의 남자직원이 나비 모임에 처음 참석하고 나서 한 말이 아직도 잊히지 않는다. "저는 30년 동안 책 한 권도 읽지 않았어요. 목사님 따라서 맨날 일만 했지, 이렇게 책을 읽으니까 어색하네요. 그런데 책도 읽고 바인더도 활용하니 정말 좋네요. 나에게 이런 시간도 올 줄이야" 하며 환한 미소를 지어 보였다. 참석한 우리는 모두 빵 터졌다.

내가 하는 일의 열매는 다른 사람의 나무에서 열린다

나는 그들을 소모품으로 이용하다가 쓸모없으면 버려버리고 싶지 않았다. 그들도 나와 함께 성장해 나가길 소망한다고 항상 말한다. 학교 교과서도 반납해야 하는 몽골의 열악한 환경에서 독서 나비 운동을 벌이기는 정말 쉽지 않다. 자신을 위해서 책을 사고 읽는 것이 가장 큰 투자임을 모른다. 자연에 순응하며 유유자적하게 살았던 유목 민족에게 달력이나 수첩을 사용하면서 바쁘고 분주하게 사는 도시문화는 익숙하지 않다. 그러나 이제는 몽골도 유목문화에서 정착문화로 바뀌고 있으므로 배우고 성장해야 한다고 생각한다. 교인들의 집에 심방해보면 성경과 함께 기독교 서적들이 여러 권 꽂혀있는 것을 보면서 흐뭇해진다. 교인 중에 독서와 바인더Book & Binder를 활용하는 사람들이 크게 늘었다. 주변 사람들에게 선한 영향력을 끼치는 나비 모임이 점차 확산되기를 기대해 본다.

단기 선교팀이 몽골을 방문할 때 일주일간 물량 공세로 복음을 전하는 것도 필요하긴 하지만, 도서관 사역에 후원한다면 수많은 사람에게 평생 운명을 바꿀 기회가 제공될 것이다. 나도 25년 전 선배들이 시켜서 바인더를 사용하기 시작했지만, 바인더 속에 이런 보물이 숨어있었을 줄 깨닫지 못했다. 나비 모임의 진가는 당장 나타나지 않겠지만, 나비 독서모임을 통해서 평생 독서를 한 사람들이 미래에 지도자가 될 것이고 경제 정치계에 진출하게 되었을 때 젊은 시절 배운 나비 독서모임을 기억하며 감사하게 될 것이다.

책과 바인더BOOK&BINDER 도구를 통한 나비 모임은 비전 없이 하루하루 살아가는 몽골 현장에 꼭 필요한 도구가 될 것이다. 하나님이 주신 시간을 잘 관리하고 자기 계발하도록 남을 돕는 것도 귀한 선교사역이다. 나비 모임을 통해서 일 중심적인 사역에서 사람 중심 사역으로 조금씩 바뀌어나가고 있다. 선교 초기에 소모품처럼 일만 죽어라 했던 실수를 반복하고 싶지 않다. 사람을 키우는 마음으로 인내를 가지고 이 사역에 힘쓰고 싶다.

사도 바울이 데살로니가 교인들에게 말했듯이, '우리의 소망이나 기쁨이나 자랑의 면류관이 무엇이냐 그가 강림하실 때 우리 주 예수 앞에 너희가 아니냐 너희는 우리의 영광이요 기쁨이니라" 우리의 수고와 헌신이 다른

사람의 나무에서 열매 맺히길 소망한다. 그러면 선교사들이 떠난 뒤에도 이들이 기독교 가치관으로 무장되어 다른 사람들을 섬기며 나누는 일을 계속해 나갈 것으로 소망한다.

가장 느린 길이 가장 빠른 길이다

일하면 바로 효과를 볼 수 있다. 그러나 사람을 키우는 일은 가시적인 효과가 나지 않는 가장 느린 길이다. 몽골에 오니 신앙교육만 해서는 사람이 바뀌지 않았다. 다른 연약한 무너진 영역들 때문에 세워질 만하면 쉽게 넘어져 버렸다. 빵을 주면서 사람을 불러 모을 수 있지만, 열매가 없는 사역이다. 사람이 살아가는데 필요한 모든 영역을 신앙교육으로 터치해 줘야 한다. 그래서 신앙교육, 성품 교육, 인성교육, 시간 관리, 재정관리, 건강관리, 자기계발, 독서지도, 가정상담, 내적치유, 연예와 결혼상담, 직업소개까지 사람과 관련된 일 중에 안 해본 것이 없다. 깨어진 가정에서 자란 사람들에게, 교회는 기초부터 다시 가르쳐 주어야 한다. 교회가 무슨 독서와 자기계발에까지 신경 쓰냐 시비를 걸 사람이 있을 것이다. 그러나 한 사람을 키우는 일은 종합예술에 가깝다. 영성과 인성과 실력을 갖춘 그리스도인 제자를 양성해 내기 위해서는 해산하는 수고를 해야 한다.

이것을 깨달은 후부터 많은 변화가 생겼다. 선교 초기에는 일 중독자라는 말을 들을 정도로 열심히 사역만 했는데, 이제는 방향을 전환하였다. 많은 사역보다 사람을 키우겠노라고…… 사역은 당장 눈에 나타나는 효과가 있다. 그러나 사람은 오랜 시간 인내가 필요하다. 사람이 잘 바뀌지 않고, 옛 생활로 되돌아가기도 한다. 그러나 속도보다 방향이 중요하기에, 나는 사람을 세우는 방향으로 남은 인생을 드리겠다고 결단했다. 나는 더 이상 선교지에서 평생 밑 빠진 독에 물이나 붓는 미련한 사역자가 되고 싶지 않다. 영. 혼. 육이 건강한 주님의 제자들을 재생산하는데 남은 인생이 드려지기를 소망한다.

또 하나의 감동

저는 세종학당에서 한국어를 배우고 국제울란바타르대학교 한국언어문화학과에 입학해서 3.5년으로 조기 졸업했습니다. 코로나 시기에 공부하기 힘들었는데, 코로나가 끝나면서 한국어 그림책 동아리에 참여하게 되어 좋았습니다. 한국어로 대화하고, 아이들이 보는 책을 읽고 감상문을 쓰면서 한국어 실력이 늘었던 것 같습니다. 저도 독서모임을 만들어 나누고 싶습니다.

국제울란바타르대학교 언어문화학과 _ 아리옹들

나비 독서방의 작은 도서관 모임을 날라이에서 시작한 지 벌써 5년이라는 시간이 흘렀습니다. 김 목사님과 〈글러벌 게르 도서관 프로젝트〉에서 도서를 기증해주었습니다. 지금은 아이들이 많이 오고 있으며 2022년 12월에 '독서왕' 선발대회를 열어 5명의 아이를 시상했습니다. 더 많은 아이가 책과 친구가 되며 책 읽는 법을 배울 수 있도록 도와주는 방안을 마련하고 있습니다. 하나님은 고아와 가난한 자와 약한 자를 사랑하십니다. 하나님의 사랑으로 미혼모들에게 다가가고자 김 목사님 가족과 손잡고 '싱글맘, 싱글대디' 모임을 시작하게 되었습니다. 지금까지 미혼모 3명과 아버지 1명과 교제하고 있습니다. 엄마 아빠가 출근하면 아이들은 보호받지 못한 채 방치되기 때문에 작은 도서관에서 방과 후 어린이집 봉사를 하고 있습니다. 현재 이들의 아이들이 참여하고 있습니다. 더 많은 싱글 부모 가족의 참여를 기다리고 있습니다. 교회의 청년인 Naranchime가 선생님으로 돕고 있습니다.

날라흐 은혜교회 목사 _ 할리웅

　작은 물방울이 큰 바다를 이루듯, 나는 미약하지만 많은 사람에게 선한 영향력을 주어 함께 힘을 모아 세상을 변화시키는 사람이 되고자 합니다. 이 선한 영향력을 줄 수 있는 여러 방법이 있을 것입니다. 나의 비전은 그늘진 곳에 소외된 자들이 더 나은 환경에서 살 수 있도록 돕는 것입니다. 이러한 비전을 견인하게 될 핵심 가치는 신앙입니다. 기독교적 가치관으로 세상을 바라본다면, 많은 사람이 하나님의 사랑과 위로가 필요합니다. 나는 이들에게 주님이 주시는 영원한 사랑과 위로, 안식을 소개하고 전하고 싶습니다. 먼저 졸업 후, 전문 비영리단체나 자선 봉사단체를 통해 제3국에 나아가 약 10~15년 동안 현장을 배우고 경험할 것입니다. 그 현지 상황에 가장 적합한 지속 성장 및 재생 가능한 지도자 양성 기관을 세워 그들이 또 다른 이웃과 나라를 도울 수 있도록 제도화할 것입니다.

몽골국제대학교 국제관계학부 3학년 _ 한○영

몽골인 터머거의 작은 꿈, 작은 도서관 스토리

　저는 울란바타르에서 30km 떨어진 작은 마을 헝허르에 사는 터머거입니다. 어느 날 마을 청소년들 몇몇이 우리 집에 와서 게임을 같이 하고 있었습니다. 그런데 그중에 한 아이가 제게 대뜸 나무를 구해줄 수 있느냐고 물었습니다. 그래서 나무로 무엇을 하려 하느냐고 물으니, 작은 집을 지어 친구들과 함께 그 안에서 놀고 싶다고 했습니다. 헝허르 지역에는 청소년들이 함께할 수 있는 놀이터와 문화공간이 전혀 없습니다. 그래서 전용덕 선생님을 만나서 아이들에게 꿈을 심을 수 있는 작은 도서관의 필요에 대한 꿈을 나누게 되었습니다.

원래는 교회 안에 있는 작은 방안에 서고를 넣는 도서 공간 정도를 생각하였는데 전용덕 선생님이 교회당 전체를 도서관으로 만들어 헝허르 마을 전체의 청소년들이 꿈을 함께 꾸는 작은 도서관으로 만들자는 비전을 주셨습니다. 저의 패러다임의 전환이 일어났습니다. 그리고 마침내 헝허르 작은 도서관이 세워지게 되었고 지금은 날마다 마을의 어린아이들과 청소년들이 작은 도서관을 와서 책을 읽고 친구들을 만나는 꿈의 공간이 되었습니다. 오늘도 도서관 문을 열어 들어오는 아이들을 만나며 저희 또한 행복한 꿈을 매일 꾸게 되었습니다.

헝허르 작은 도서관 _ 터머거

제가 중학교 사서로 근무를 시작할 무렵 작은 도서관협회가 생겨났고 '5,000 나비모임'에 참석하여 배운 것을 학교에 적용하였습니다. 3P 바인더를 2019년 가을 구매하였지만 어떻게 기록하는지 몰라 이전처럼 회의나, 모임, 교육을 간략히 기록하는 것으로 사용하였습니다. 그런데 '5,000 나비모임'에서 정홍재 선배가 기록하는 방법을 가르쳐주었습니다. 2022년 7월 2일부터 지금까지 분홍, 주황, 녹색, 파랑, 보라로 나누어 구별하여 기상부터 취침까지 시간관리, 목표관리를 하는 삶을 배우고 있습니다. 한 주간의 삶을 일요일 저녁에 평가하고, 다음 한 주를 계획합니다. 계획을 통해 시간을 효율적으로 사용하고 자기 계발을 하고 다른 효과적인 독서 습관을 배울 뿐만 아니라 학생들에게 '본깨적'으로 책 읽는 법을 가르칩니다. 또한

'Chapter one club', '책을 읽는 학생'이라는 2개의 클럽을 만들어 50명이 참여하였고 "좋은 책 친구상"을 18명의 학생이 수상하였습니다. 이제 나의 삶은 모든 일에 의미가 있고, 목적, 성과, 질서가 생겼습니다.

덴진게렐 청소년 도서관 사서 _ 투멩델게르

몽골유비나비모임에 참여했습니다. 말은 잘 알아들을 수 없었지만 뭔가 다른 게 있다는 느낌이 들었습니다. 저도 몽골사람들의 독서모임를 만들고 싶었습니다. 현재 저는 '5000나비'에 참석하고 있고 토요일 아침에는 '1000나비'를 운영하고 있습니다. '1000나비' 회원 중 몇몇은 다른 독서모임을 시작했습니다. 2년 동안 월요일마다 작은 도서관 사서들의 독서모임도 운영하고 있는데, 이들은 각 도서관에서 학생들과 책나눔을 시작하고 있습니다.

몽골유비나비의 작은 날갯짓이 몽골 곳곳에 독서 열풍을 일으키기를 바랍니다.

몽골 공간나비 매니져 _ 바트후

나비 도서관에 오기 전에 저는 책에 거부감이 많은 학생이었습니다. 그리고 내가 정확히 무엇을 좋아하고 잘하는지도 몰랐습니다. 공간나비에서 독서뿐만 아니라 독서모임, 바인더를 통한 자기관리도 배울수 있었습니다. 자신의 삶의 방향을 정하면서 더 풍성하고 만족스런 삶을 살게 되었습니다. 새롭게 변화된 삶으로 살도록 도와주신 공간나비의 선생님들께 진심으로 감사드립니다.

한양대학교 재학생 _ 토야

대학 3학년 때 담임 교수님(강선화)께 잘 보이려고 참석했던 독서모임은 제 삶에 터닝 포인트가 되었습니다. 원래도 독서를 좋아했던 저는 새해를 맞이할 때마다 12권 읽기를 목표로 삼았습니다. 1년에 2권을 읽는다는 것으로 만족했는데, 유비나비 독서모임에 다니는 분들이 일주일에 한 권을 완독하는 것을 듣고 많이 놀랐습니다. 저 또한 독서모임에 참여하면서 목표량을 늘렸습니다. 1년 50권이라는 목표를 세우면서 1년에 30권~40권은 읽게 되었습니다.

유비 나비 독서모임에서는 책을 읽는 것으로 끝나지 않고 깨달은 점, 적용할 점을 생각하며 읽기를 권유했습니다. 책을 읽으면서 느낀 점 정도는 나눌 수 있는데, 꼭 적용점을 말하라고 하고, 다음 주에 가면 꼭 지난 주 적용점을 실행해봤냐고 물어봤습니다. 그 과정을 반복하면서 자연스럽게 적용점을 구체적으로 알려주는 책을 찾게 되었고, 읽으면서 적용점을 따로 메모하면서 읽게 되었습니다. 또한, 적용점 실행 여부를 항상 물어본 덕분에 실행력도 점점 좋아졌던 것 같습니다.

독서모임에서 매주 토론한 덕분에 스피치 능력도 조금씩 늘어났습니다. 그때쯤 여병무, 강선화 교수님께서 유튜브를 해보라고, 책먹는 여자 최서연 선생님들 소개해주셨고, 덕분에 유튜브에 입문하여 지금은 30,000여 명의 구독자를 가지게 되었습니다. 독서 덕분에 대학 졸업 후 KOICA 몽골 사무소에서 근무했고, 대한민국 정부 초청 장학생으로 이화여대학원에서 석사학위를 마쳤습니다.

그러던 중《성과를 지배하는 바인더》를 읽었는데, 여병무 선생님이 저자인 강규형 대표님을 소개해 주셨습니다. 대표님께서는 공부와 공장 아르바이트를 병행한다는 걸 아시고, 3P 자기경영 연구소에서 지금까지 일할 수 있게 해 주셨습니다.

3P 자기경영연구소에 있는 2년 동안 많은 변화가 있었습니다. 이화여자

대학교 1학기에 한국어로 논문을 읽기 어려웠지만, 3P자기경영연구소의 지독한 훈련으로 독해력이 늘어났습니다. 덕분에 한국어로 논문을 읽는 속도가 빨라졌고, 1년 만에 석사학위 논문을 작성할 수 있었습니다. 또한, 한국에 오느라 은행에서 대출받은 것이 있었는데, 3P자기경영연구소에서 일하면서 다 갚을 수 있었습니다. 뿐만 아니라 어머니에게 자동차를 사드렸는데, 어머니는 지금을 택시를 하시면서 용돈을 스스로 벌고 있습니다. 몽골에서 만난 한국인 교수님들을 비롯해서 3P 자기경영연구소를 만나서 좋은 일이 엄청 많았습니다.

3P자기경영연구소 강규형 대표님의 '스스로 영육혼을 싹 바꾸어라, 스스로 공부하지 않고 성공한 사람을 본 적이 없다'는 카리스마 있는 강의를 지난 2년 동안 들으면서 가장 먼저 사랑하는 동생에게 강규형 대표님의 강의를 들려주고 싶었습니다. 그래서 9, 10, 11월에 점심도 안 먹고 월급을 저축한 덕분에 동생을 성신여자대학교 어학연수 학비를 모을 수 있었습니다. 우리 부모님이 정기적인 수입이 없어서 동생의 학비를 준비해도 서류상으로 오는 것이 쉽지 않았지만, 3P 자기경영연구소 류경희 전무님께서 초대장을 써주신 덕분에 입국할 수 있었습니다.

몽골 유비 독서모임에는 대학교 교수와 대학생들이 많이 참석했는데, 한국 양재 나비 독서모임에는 직장인들이 많이 참석했습니다. 교육 업계 외에는 사람들도 매주 1권을 읽으면서, 자기계발하고, 자신들의 업무를 업그레이드해 가는 모습을 보면서 '이렇게 해서 선진국이 되는구나'라는 생각이 들었습니다. 그리고 독서모임을 통해서 몽골도 혁신을 이룰 수 있겠다는 희망을 보았습니다. 국가를 발전시킬 수 있는 확실한 방법이 독서모임이라고 믿게 되었습니다.

여병무 선생님의 또 한번의 제안으로 3P자기경영연구소의 '독서리더' 과정을 듣게 되었습니다. 독서리더 과정을 듣는 것이 석사 학위를 받는 것보다 좋다고 여러 번 추천하셨습니다. 경제적으로 빠듯한 상황이었지만, 참여하게 된 3개월 동안 한국인 선배들과 같이 책을 읽고, 발표하는 과정은 신세계였습니다. 독서리더 과정이 끝날 때 쯤, 교수님께서 왜 그토록 추천하셨는지를 몸소 확인한 저는 바로 마스터 과정(강사과정)까지 신청하게 되었습니다.

강규형 대표님은 '거인의 어깨에 올라타세요. 나한테 감사한 것이 있으면 나중에 후배들에게 어깨를 빌려 주세요'라고 말씀하셨습니다. 몽골에서 만난 한국인 교수님들과 한국에서 만난 좋은 분들께 감사한 만큼 책을 읽고 성장해서 후배들에게 저의 어깨를 빌려주기 위해 노력하고 있습니다. 몽골 학생들에게 주신 한국인 교수님들의 선한 영향력의 결과가 아직 눈에 보이지 않을 수도 있겠지만, 머지 않은 훗날 모소대나무처럼 결과가 쑥쑥 나올 거라고 생각합니다. 지금 이 순간에도 교수님들이 우리 안에 심으신 선한 씨앗이 빛의 속도로 자랄 그날을 기다리며 땅 속에서 준비하고 있다고 믿습니다.

국제울란바타르대학교 졸업생 _ 바트체첵

멀리 가고 싶어 "함께"

강선화

'상생, 최상화, 자유' 2023년 선택한 원 워드이다. 모두가 윈윈할 때 최상의 결과가 이루어질 것이며, 감정에 앙금이 남지 않는 자유를 누릴 수 있다고 생각해서 정한 단어이다. 사무실과 방에 붙여놓고 수시로 본다. 내가 하는 모든 일이 모두가 성장하는데 기여하기를 바라는 마음으로.

혼자 생각하고 혼자 일하는 걸 좋아하지만 이제는 멀리 가고 싶어 '함께'를 선택한다. 서로의 성공을 기뻐하며 우리의 꿈이 꿈으로 끝나지 않고 함께 날아오르기를 바라면서.

어느덧 4년

강대우

매주 토요일 오전 7시! 몽골 선교사님들과 독서 모임 '유비 나비'를 시작한 지 어느덧 4년이 훌쩍 넘은 듯하다. 독서 모임을 하면서 여러 '실행력 프로젝트'를 만들어 실천해 왔다.

100일 33권 책 읽기!, 30일 글쓰기와 100일 매일 글쓰기, 30일 몽골어 성경 암송, 코딩…. 등 의지는 있었지만, 늘 실패하던 나도 함께 응원하는 유비 나비 선배님들이 있어서 모두 할 수 있었다. 위에 프로젝트 중에 아직도 매일 실천하고 있는 것이 있으니 '어찌 기적이 아니겠는가?' 이번에는 좀 더 특별하고 의미 있는 도전을 함께 시작됐다. 서로 공동의 저자가 되어 인생의 첫 번째 책을 내는 프로젝트다. 혼자라면 절대 엄두조차 못 낼 책 출판이 어느덧 독서 모임 통해 우리의 꿈은 현실이 되었다.

환란도 이기는 도전
김상헌

퇴직하고 선교대학에서 가르치며 복음 전하는 전문인 선교사의 이야기다. 코로나 시대에 포로 된 자의 간절한 자유를 경험하며 교인들과 함께 눈물의 기도로 치유의 하나님을 만났다. 나비 독서 모임과 작은 도서관 사업으로 코로나로 환난과 위험 중에 있는 현장에 주님을 전하고 있다. 이 글을 통해 은퇴 후 주의 일을 준비하는 분들과 새 비전 나누기를 소망한다.

유비나비호 Bon Voyage!
김수용

세계에서 가장 넓은 해역을 점유하고 있는 프랑스어에서 유래한 Bon Voyage는 가까운 친구, 또는 가족이 먼 길을 떠날 때 안녕을 기원하는 인사말이다.

12명의 공동저자가 함께하는 글쓰기 프로젝트는 먼 항해에 임하는 한 배의 운명 공동체였다. 예정된 항로를 따라 항해를 시작했지만 시시때때로 변하는 기상 조건과 상황들 가운데도 포기하지 않고 유비나비호는 서로를 격려하고 도우며 마침내 소원의 항구에 입항하고 있다. 이것은 지난 4년간의 독서모임과 3P 바인더 훈련을 통해 엮어진 공동체였기에 가능하다. 몽골 유비나비호의 다음 항해와 10년, 20년, 30년 후의 대 항해가 기대된다.

새로운 변화

김창식

처음 책을 내자고 했을 때 반가웠다. 몽골 UB나비모임을 시작하여 들떠 있던 흥분이 서서히 가라앉고 있었고 무엇인가 새로운 변화가 필요했기 때문이었다. 처음에는 쓸 내용이 보이지 않았다. 글을 쓰니 옛날 생각이 나고 지난 일들이 재해석되었다. 글이라는 것은 과거를 끄집어내어 현재를 해석하고 미래를 그리는 작업이다. 지극히 주관적일 수도 있다. 그러나 그것은 삶을 풍성하게 해준다. 글 쓰는 내내 재미있었고 즐거웠다. 감사하다.

삶도, 강의도 풍성

여병무

평생 가르치는 일을 하고 있지만 가장 변하지 않는 것은 나 자신이다. 대학에서 한국학을 가르치기도 하지만 교양 수업으로 〈자기 계발〉이라는 수업도 하고 있다. 그러나 강의 내용보다 나의 삶이 그것을 따라가기 쉽지 않다는 것이다. 그런데 2018년 〈UB나비〉를 만들고 참여하면서 나의 삶도, 강의도 풍성해졌다. 그 이유는 혼자 변할 수 없는 변화를 아내와 함께 공동체를 통해서 경험하고 있다. 또한, 나의 뒤를 따라오는 제자들의 변화를 보며 보람을 느끼고 있다.

나비처럼 날아오르며

임보환

나는 몽골에 와서 나비 독서 토론 모임을 만났다. 나는 혼자 지속해서 책을 읽을 수 없었기에 이 모임은 신의 선물이었다. 나비모임을 통해 삭막한 몽골에서 나비처럼 날아오르며 꿈과 소망을 갖게 되었다. 나비모임을 너무 좋아하게 되었고 몽골인들에게 새로운 나비모임을 계속 개척하여 주고 인도할 수 있도록 도와야겠다는 생각을 가지게 되었다. 그렇게 몽골 초원에서 몽골인 나비선배님들이 비전과 꿈을 이룰 수 있도록 돕고 싶다.

몽골을 뒤덮는 향기

임철승

한 사람의 영웅이 아닌, 우리 모두의 스토리

'하나의 멋진 이야기는 한 사람의 영웅이 만들 수 있지만, 발전은 우리 모두의 스토리'이다. 우리 UB 나비모임 중에 영웅은 없다. 영웅이 있었다면 이 책처럼 공저가 나오지 않았을 것이다. 함께 하며 서로에게 선한 영향을 주고 발전해 나가는 우리들의 이야기만 있을 뿐이다. 우리가 만들어 가는 이야기가 결국 한 사람의 영웅을 넘어 몽골을 뒤덮는 향기로 퍼질 것이다. 나와 우리로 비롯된 작은 날갯짓이 몽골 전역에 바람을 일으키고 예수 향기를 퍼뜨리는 아름다운 몸짓이 되기를 소원한다.

한길을 걷는 친구들

전용덕

빨리 가려면 혼자 가고, 멀리 가려면 함께 가라는 말이 있다. 책 한 권을 낸다는 것은 정말 어렵고도 긴 여행이다. 혼자 이 길을 들어섰다면 벌써 포기하였을 것이다. 그럼에도 한국도 아닌 몽골에서, 거기가 아닌 여기에서 한길을 걷는 친구들이 있었기에 나도 쉽게 이 여행길에 들어섰던 것 같다. 책 한 권을 열면 한 사람의 인생을 만나는데 공동 저작을 통해 한 권의 책에서 동시에 여러 인생을 만나니 이 또한 즐거움과 행복이다. 무엇보다 청춘을 몽골에서 보내다가 이 책을 통해 이제는 좀 더 깊어지고 더 친해진 인생 친구들을 얻게 된 것이 가장 큰 기쁨이다.

우리 함께 걸어요

정혜숙

어느덧, 허황한 꿈을 버리고 하나님이 품게 하시는 꿈을 품고, 선교의 '선'자도 생각해 보지 않았던 남편과 함께 달리다 보니 벌써 황혼이 깃들고 있다.

인생의 나락으로 떨어져 더는 아무것도 바라볼 것이 없을 때 내게는 "앞서 행하실 것이라"라는 말씀을 남편에게는 "여호와 이레의 하나님께서 동행하실 것"이란 말씀을 하시고 여기까지 우리를 인도하셨다. 하나님은 일마다 때마다 풍성하게 채워주셨다. 단돈 500불로 시작한 사역 가운데 "울며

씨를 뿌리는 자에게 기쁨을 거두게 하신다"라는 말씀을 이루신 하나님께 목소리 높여 찬양을 올려드린다.

독서 나비를 통해 만난 선배님들과 꿈도 꾸지 못한 이들에게, "꿈을 꾸고, 꿈을 심고, 꿈을 품고 피우기"까지 계속해 걸을 것이다.

"우리 함께 걸어요!"

단순, 무식, 지속

정홍재

이제 시작이다. 우리의 몽골 독서 혁명은 작은 겨자씨와 같았지만, 이 책을 통해 하나의 싹으로 솟아올랐다. 난 지금 모든 것이 새로워지는 골짜기 모새골을 나와 양평 갈산공원을 산책하고 있다. 이곳은 다산 정약용의 고향과 가깝다. 다산은 썩어가던 조선을 개혁하려 했다. 하지만 실패했다. 그는 유배지에서 책을 읽고 목민심서를 썼다. 그는 책을 읽고 씀을 통해 그의 개혁은 지금도 ING다. 몽골유비나비도 지난 5년간 매주 한 권씩 책을 읽으며 단무지(단순, 무식, 지속)했다. 그 결실로 12명의 삶이 녹아난 책이 나왔다. 감사하다. 이제 이 책을 출발로 새로운 책이 줄지어 나오는 것이 내 눈에 보인다.

최후의 승자

조항영

젊은이들 사이에 유명한 말이 있다 "기는 놈 위에 뛰는 놈 있고, 뛰는 놈 위에 나는 놈이 있고, 나는 놈 위에 붙어 있는 놈이 있다" 가장 최후의 승자는 붙어 있는 놈인 것이다. 감히 내가 책을 쓴다는 것을 생각조차 해 보지 않았다. 분주한 일상생활 속에서 사치스럽게 무슨 독서를 한 단 말인가?

그런데 이상하게도 불가능해 보였던 것들이 하나씩 가능해지고 있다. 내가 나비모임에 붙어 있었기 때문에 가능했다고 생각한다. 혼자서는 절대 불가능 한 일들이 뭉칠 때 기적이 일어나기 시작한 것이다.

12년 선교지에서 삶 중에 지금이 전성기라고 말하고 싶다. 왜냐하면 좋은 사람들 그룹에 붙어 있었기 때문이다. 이전처럼 혼자서만 열심히 하지 않기를 원한다. 함께 할 때 놀라운 시너지 효과가 나타나 기적이 만들어 지기 때문이다. 몽골 사람들도 뭉치기를 좋아한다. 초원의 여러 부족들과의 경쟁에서 살아남기 위해서는 연합해서 뭉쳐야만 살아남을 수 있기 때문이다.

이 책이 출판하게 된 것도 함께 뭉쳤기 때문에 가능했다. 앞으로도 '공부해서 남을 주기'위해 뭉친 나비모임 선배님들에게 계속해서 붙어 있기 원한다. 우리 삶에서 최고의 순간은 아직 오지 않았다. 우리는 계속해서 나비처럼 훨훨 비행을 멈추지 않을.

양재나비에서 글로벌까지

독서공동체의 힘 – 몽골 유비나비편

초판 1쇄 발행 _ 2023년 11월 1일

지은이 _ 강선화 강대우 김상헌 김수용 김창식 여병무
        임보환 임철승 전용덕 정혜숙 정홍재 조항영
기 획 _ 강규형
펴낸이 _ 유경희
마케팅 _ 조재희
편집/디자인/제작 _ 디자인캠프
펴낸곳 _ 애플씨드북스

출판등록 _ 2017년 11월 14일 제 2017-000131호
주 소 _ 서울특별시 송파구 법원로 127 408호(문정동)
전 화 _ 070-4870-3000   팩 스 _ 02-597-4795   이메일 _ ryu4111@nate.com
인스타그램 _ @appleseed_books

I S B N _ 979-11-969215-7-6 (13330)

애플씨드 북스 소개
사과 속의 씨는 누구나 볼 수 있지만 씨 속의 사과는 아무나 볼 수 없습니다.
애플씨드북스는 미국 전역에 사과씨를 심으며 개척과 희망의 상징이 된 쟈니 애플씨드를 모티브로
탄생하였습니다. 책으로 세상에 선한 영향력을 심겠습니다.

-